薪ストーブlife

# CONTENTS 53

April 2025

003 Life in the woodstove

**名 前** 新妻弘明

004 Introduction & burning test

04 **トーンヴェルク T-TWO PI**

10 **パナデロ マスカリラ**

017 **FEATURE▶**

## 薪づくりはスマートに

### 薪を無駄なく燃やすための実践科学 田代文男

18 1. 薪づくりのシーズンはなぜ冬から春が良いのか？

19 2. 薪はどの部分が良く燃えるのか？

20 3. 針葉樹薪と広葉樹薪の特徴

22 4. 割りやすい薪割り斧の種類

23 5. 節あり原木の攻略法

24 6. ベストな薪のサイズとは

26 7. 良く燃える薪の含水率は？

27 8. 薪の保管場所は？ 保管環境は？

28 9. 薪の置き方と焚きつけの置き方

29 10. 煙はいつ発生しやすいか、その対処法は？

031 Lifestyle with woodstove

**薪づくり道具**

034 Made from soapstone

ハースストーンがもたらした

**世界に一台の個性**

043 Proud my woodstove

忖度いっさいなし！

**薪ストーブユーザーの本音**

ヨツール F 3/F 500/F 500ECO

トーンヴェルク T-LINEeco2/T-SKYeco2

055 Wood burning boiler

**薪ボイラーで全館暖房！**

058 Artificial firewood

**人工薪インプレッション**

059 Essay

**薪づくりの日々**—早池峰山の麓より—

[第40回]

改めて災害への備えについて考える 深澤 光

064 Woodstove long-term test

**薪ストーブ長期テスト**

イントレピットⅡから

イントレピッド フレックスバーンへ②

066 Woodstove Life Music

**「間」に触れる** 堀口富生

067 Data & File

**主要薪ストーブ データ&ファイル**

089 Woodstove shop guide

**全国薪ストーブリテーラーガイド**

100 Firewood store yellow page

**全国薪販売店一覧**

102 Essay 2

**私と薪ストーブの猫な関係**

[その25] いるある問題 清水由美

104 Groundhog Day

**From Editor**


**Cover Story**

**『薪づくりのローテーション』** by sugapapa

毎年6トンほどの原木を3月頃に届けてもらい、梅雨前までに割り終えるというローテーションだったが、数年前からなぜかカビが目立つようになった。早めに割り終えるとカビは少なくはなるがなくならない。で、今シーズンは11月に届けてもらい2月中にやっつけてしまうことにした。大雪に阻まれ作業は進まなかったがなんとか完了。さて、以前のように美しい薪ができるだろうか。




ISBN978-4-434-35688-9

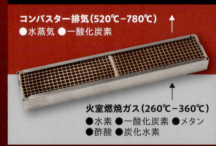

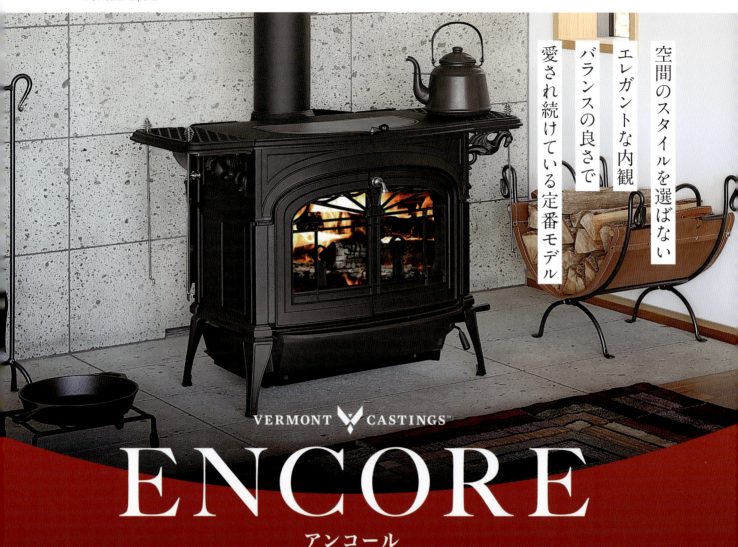

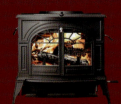

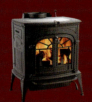

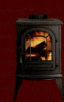

life in the woodstove

# 名前

新妻弘明

「雑草という名の草はない」、これは植物学者 牧野富太郎の言葉である。植物学では植物の名前をおぼえることがその第一歩だという。確かに研究者のあいだで、ある植物を共通の名前で呼ぶことは必須で、そのためには先ずその名前をおぼえなければならない。しかし、名前をおぼえることにはそれ以上の意味がある。

我々素人には、庭に生える見なれた草など、わざわざその名を知る必要もないように思える。しかし、名を知ろうとすると、その草の特徴や他の草との違いに注意がいく。例えば、庭にはびこり草取りに苦労しているツル植物がヤブガラシといい、その名のとおり，まわりの木にはい上がって繁茂し、その木を弱らせるばかりでなく、その花はスズメバチが好む、などということを知れば、草取りにも気合が入る。

庭に来る野鳥でも、その名前を知っているのと知らないのでは大違いである。名前を知っていると、今いる鳥がその名前の鳥かどうか確かめるため、鳥の大きさや羽の色、ひいてはその動きまで観察することになる。さらに、どうしてその鳥が今の時刻に目の前に現れるかということまで考えてしまう。

こんな話もある。かつてアフリカにおける霊長類の調査研究で、欧米の調査隊は、個体を識別するのにアルファベットと数字からなる記号を用いていたのに対し、日本の調査隊は、人につけるような名前をつけたそうである。そうしたら、各個体の行動や性格、ひいては家族関係などの研究成果に目に見える違いが出たという。名前をつけたことにより、観察者の方が変化したのだった。

もっともその名前は学名のように万国共通である必要はない。ある人が、自分の家に来る野良猫に名前をつけて可愛がっていたところ、あるときほかの家の近くでその猫がいたので見ていると、ほかの人がその猫を別の名前で呼んでいた、などというのはよく聞く話である。

動物や植物はどのような名前で呼ばれようと、それ自体何ら変わることはない。名前はその対象についているようで、実はそれに関わる人とって意味があるのである。

名前というものは、人それぞれの心の中にある〝引き出し〟につけるものなのかも知れない。その〝引き出し〟には相手に関する客観的知識や情報ばかりではなく、その人なりの関わり、経験、体験、想い出や思い入れ、感情などが入っている。そしてその〝引き出し〟に名前がつくことにより、その人にとってその中身がより具体的になるのではないだろうか。もっとも、散策路などで植物名の表示板を見たり、スマホのアプリでその名を知っても、その場でそうかと思うだけでは〝引き出し〟はできないだろう。

我々が使う薪にもいろいろな樹種のものがある。そして各々の樹には必ず名前があり、各々の樹形があり、育った環境がある。そしてそれらが伐られて我々のところに来るまで、それぞれの物語がある。薪は樹種によって燃え方が違うわけだが、薪の形や保存のし方、燃やし方、そして薪ストーブの状態や使い方にもよる。その樹と、人それぞれの薪ストーブライフとの出会いである。焚き火であれば、また違った出会いがあるだろう。そのようにして人それぞれの〝引き出し〟の中身は充実していく。そしてその第一歩はその樹の名前をおぼえることである。

にいつま・ひろあき
1947年生まれ。東北大学名誉教授、日本EIMY研究所所長。工学博士。薪ストーブ歴（イントレピッドII）19年。薪づくりに窓ノコを使う“ノコギリスト”でもある。著書に「地産地消のエネルギー」「湯本の散策」「電気電子計測」「ノコギリストの詩」「科学技術の内と外」など。

### Specifications

| | |
|---|---|
| Dimensions | W400×D400×H1,423mm |
| Weight | 220kg |
| Enclosure | Artificial stone |
| Heating method | Radiant heat |
| Rated output | 6.2kW |
| Heat dissipation time | 6.0h/3.5kg |
| Combustion efficiency | 80% |
| Price | ¥1,606,000~(tax included) |

# 薪は少なく熱は長く

**蓄熱型薪ストーブでも特異な存在のトーンヴェルク薪ストーブ。それは最新型のモデルにもしっかりと受け継がれていた。**

T-TWOシリーズ共通の排気ルート兼蓄熱体。燃焼室上部、下の写真の頭を付けている部分にある。

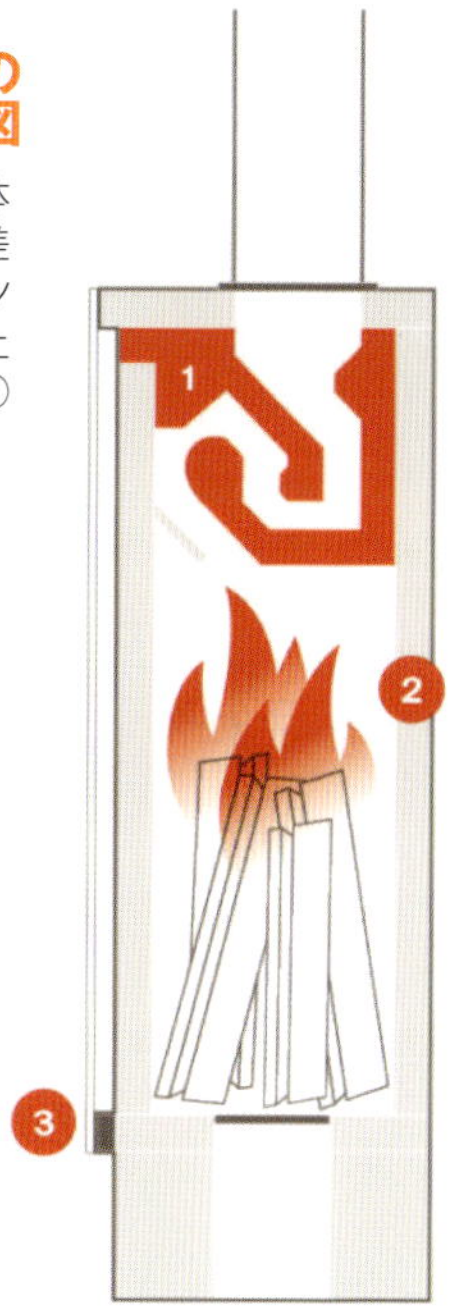


**T-TWOの断面模式図**

①セラミック製蓄熱体が蓄熱した熱を時間差で放出。②トップダウン燃焼により2時間以上の燃焼時間を実現。③自動ドア閉鎖システム。

兄弟機のSTONEに寄り掛かり寛ぐトーンヴェルク輸入総代理店代表の小川氏。表面温度は最高でも100℃程度と適温。

# TONWERK T-TWO PI

Text NAKAMURA Masami
Photo YAMAOKA Kazumasa

## 高品位なスタンダード蓄熱型薪ストーブ

　俗に「一般的な薪ストーブ」と呼ばれるカテゴリーをご存じだろうか。弊誌でご紹介している薪ストーブの多くがそのカテゴリーに入る。欧州ではEN16510―2―1という規格で住居用にカテゴライズされた薪ストーブのこと。よく言われているのが〝焚き続けなければいけない薪ストーブ〟。つまり、暖かさが長時間持続できずに、火の勢いが落ちてきたところで次の薪を入れ続けるという薪ストーブで、燃焼から熾火、そして燃焼といったサイクルの中で、温度の上下が大きいものだ。この規格には枝番2―5というカテゴリーがあって、これがいわゆる蓄熱型の薪ストーブに対する規格である。2―5は1回の燃焼で、熱放出が着火後4時間にわたって平均表面温度の50%を達成しなくてはならないと定義されている。たしかにこれほど長時間熱を保ち続けられることは特殊な能力なのだろう。

　トーンヴェルク薪ストーブは、そのほとんどが2―5にカテゴライズされていて、わずかにオーブンを搭載したクリスティア・バックが2―1カテゴリーである。今回ご紹介するT―TWO PIは同社で最も新しいモデル。外観を見ればわかるが、PIも蓄熱型薪ストーブに違いないのだが、じつは2―1にてテストしている関係上、厳密には一般的な薪ストーブにカテゴライズされる。歯切れが悪いが、実力的には蓄熱型のパフォーマンスを持つのだが、2―5テストを受けていないために一般的な薪ストーブの規格に属する。これは、テストのコストによるところが大きく、スタンダードタイプのPIはより価格を抑えることも大きな意味を持つため、敢えて2―1のテストでクリアしたという。2―5のテストは長時間に及び、コストも大幅に跳ね上がると聞いているから、それだけで価格に反映せざるを得なくなる、というのだ。さらに高気密になるよう設計されているが、同様に開発コストが余分に必要なDIBtの認証も受けていない。それを聞くと逆にお得ささえ覚える。

　2001年デビューのT―ONEは、その後に発表された大型機種のECO2シリーズの母体としてトーンヴェルクのマイルストーンとなった。その直系の後継モデルが2019年デビューのT―TWOシリーズである。この間、住宅事情は高気密高断熱化が進み、欧州ではパッシブハウスが世間を賑わした。両シリーズでの大きな違いはデザインを別にすると1つ。それは、より長時間の放熱を確保するために蓄熱体容量を増量したこと。これによって人が暖かさを感じるコンフォルトゾーンが6時間となった。

　T―TWOシリーズにはSTONE、SWING、STEELの3モデルをラインナップしているので、PIを含めて計4モデルとなる。燃焼・蓄熱構造は共通しているものの、PIは外観のデザインが異なる。PI以外のモデルはドアガラスがフラットになっているが、PIはラウンドしており、さらなる高級感を演出している。

トップダウン燃焼は理にかなった燃焼方法。ストレスなく炉床付近の薪にまで火が回り、しかも不完全燃焼の時間が少ない。

## How to Ignite

①細めの薪を炉内に縦に入れ、その上に針葉樹の焚きつけと着火剤を載せる。

②着火剤に点火したらすぐにドアを閉める。

③すぐに焚きつけに火が移る。

④空気調整の必要はなく、巡航運転に移行する。

# Appearance details

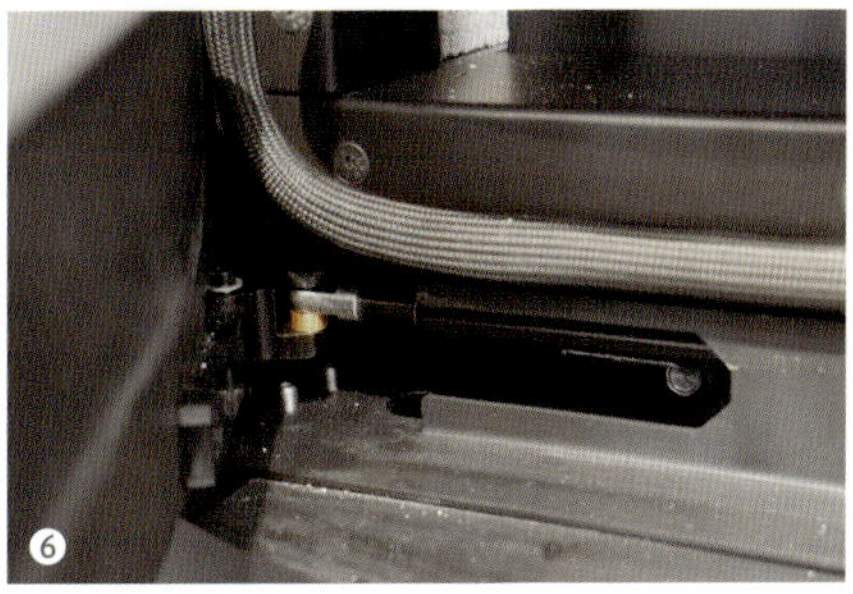

①ドア上のパネルと外すと排気ルートを兼ねた蓄熱体が現れる。内部は5頁参照。排気を回転させながら再燃焼させ蓄熱も行う。②筐体は人造石による。カラーは、このチョコレート・ラフ、グレー・ポリッシュ、ホワイト・ポリッシュ、ベージュポリッシュなど計6色。③マグネットによる開閉のため、ドアノブ自体は固定式。④燃焼室全景。炉床を見ると、薪を立てやすいように奥に傾いているのがわかる。炉壁は両側面がバーミキュライト、正面が耐火コンクリート。プライマリーエアーは上部と下部に分けて開口している。⑤燃焼室上部のスリットからペインリンスが放出される。⑥ドアは自動で閉まるが、大きく開くと開いたまま固定される。オイルダンパー仕様。⑦燃焼室内を見上げてみた。黒いプレート「カイルフォネ」によって燃焼空気を排気へ向かわせるとともにガラスへの煤・灰の付着を防ぐ役をする。⑧単純だが適度なサイズの炉床のスリット。水平ではなく薪を立てかけやすいように後傾している。完全燃焼すれば灰の量も少なくて済む。

## オプションのターンディスクは相性抜群

ラウンドしたドアガラスは、見る者にとってはフラットガラスより燃焼室を立体的に感じさせる効果がある。Pーの場合、ドア右の開閉ノブが燃焼室より上に配置されていることからもわかるが、ドアは燃焼室周りだけでなく、セラミック製の蓄熱体コアが収められているトップまでをカバーしていて、それが全て耐熱ガラスという奢りようだ。このドアと本体を密閉するのは他の薪ストーブ同様ガスケットだが、トーンヴェルクのそれはホース状になっていて、外側を剥いてみるとクッション性の高いチューブタイヤ状になっていて、より気密性を上げている。

メインドア下部には、外気導入口やダンパーレバーなどを収めたベースドアがある。また、オプションにターンディスク（税込19万8千円＋ターディスク用煙突カラー：同10万3千400円）の設定があり、これを付ければ本体を全周回転させることが可能。部屋の中央の壁などに設置する場合は、この機能があれば部屋の何処で過ごしていても常に炎を見ることができる。

鉄製薪ストーブに於いてはカラーバリエーションの少なさが残念だが、人造石を採用しているPーには、取材機のキャラメル・ラフ仕上げの他、同ポリッシュ仕上げ、チョコレート・ラフ仕上げ、グレー・ポリッシュ&ラフ仕上げ、ベージュ・ポリッシュ&ラフ仕上げ、ブラック・ポリッシュ&ラフ仕上げ、ホワイト・ポリッシュ仕上げが用意されている。趣味と部屋の雰囲気に合わせて選ぶと良いだろう。

## これからの住宅の必需薪ストーブ

T―TWO PIの着火は薪を立てて行う。不安定な薪の置き方だが、炉床が後ろに傾斜しているため、バックバーンプレートに立て掛けるように置く。立て掛けられたバックバーンプレートがショックに耐えられるように硬い耐火コンクリート製としている。ここにプライマリーエアーとなる給気孔が上部4孔、下部2孔開けられている。この上下に分けられたプライマリーエアーは、トップダウン着火時と燃焼が進んで短くなった薪への給気を考えての配置だと思われる。

ちなみに燃焼室の左右側面とバッフル板は、燃焼室内の保温と熱反射を狙ってバーミキュライトを採用している。

立て掛けた薪の上にわずか3段の焚きつけを井桁に組み、着火剤を挟んで点火。ドアは少し開くとストッパーが外れ自動で閉まる。着火時の手間はこれだけである。燃焼初期はトップでの燃焼だが、プライマリーエアーが重点的に吹き込むため酸素不足に陥ることはない。いわゆるロウソクが燃えるように薪の上部から徐々に下部へと燃え進む。

ユニークなトップダウン燃焼だったが、現代ではこれが薪ストーブの基本的着火法になった。

トーンヴェルク薪ストーブは基本的に同様の燃焼方法で、排気に関しても同様である。燃焼室手前上部に見える斜めのプレート（カイルフォネ：フロントウェッジ）によって、燃焼空気は排気ルートへ乗せられ、蓄熱体へと導かれる。同時にカイルフォネは、煤や灰をガラスに付着させないようにする機能も持つ。

煙突までのルートに乗った排気は、カイルフォネの裏側を通って蓄熱体へと流れる。ここにセカンダリーエアーが構えていて、高温の排気に新鮮な酸素を吹き込んで燃え残った未燃ガスを燃やしきる。蓄熱型薪ストーブの凄さは、セカンダリーエアー付近が煤の燃える600℃以上の高温となり、煤が強制的に燃えてしまうことだ。その後、クリーンになった排気は蓄熱体を通りながら熱交換し、熱を溜めて行く。

ここに蓄積された熱は、薪が燃焼し終わってから放射熱として長時間にわたって室内に放出する。薪が燃えているときはガラスから、燃え終わってからは本体や蓄熱体から熱放射して、長時間熱を放ち続けるわけである。T―TWO PIでは1回に3・5kgの薪を焚けば6時間心地よい暖かさに包まれるとしている。これまでのユーザーたちの経験から、1日朝夕2回の燃焼で24時間暖まるようだ。

ただ、人はわがままな存在。せっかく薪ストーブを導入したのだから、やはり火を愛でたいと思うのは当たり前のこと。だが、蓄熱型薪ストーブでも

# Five-sided view

## Left

## Front

## Right

## Rear

## Top

| トーンヴェルク　T-TWO PI　主要諸元 | |
|---|---|
| サイズ | W400×D400×H1,423mm |
| 重量 | 220kg |
| 筐体材質 | 人造石 |
| 暖房方法 | 蓄熱育成光線暖房式 |
| 定格出力 | 6.2kW |
| 放熱時間 | 6.0時間/3.5kg |
| 燃焼効率 | 80.0% |
| 税込価格 | 1,606,000円〜 |
| 問合せ | 青い空<br>https://www.woodstove.ne.jp |

## How to maintenance

トーンヴェルク薪ストーブは原則燃焼室のメンテナンスは不要。そのため、ユーザーが関わるのはアッシュパンの取り出しと清掃程度となる。

火を愛でるための連続運転は不可能ではない。ただし、追加する薪は2〜3本にする。燃焼室が高温となっているから、熾火がほとんど残っていなくても着火してくれる。

　19年の歳月で大変更されたT－TWOシリーズ。蓄熱力の40％増加で放熱時間が増えることは、省エネにも貢献してる。筆者は、高断熱の住宅には蓄熱型薪ストーブが最適解だと思うのだが、さて

Specifications

| | |
|---|---|
| Dimensions | W796×D463×H854mm |
| Weight | 155kg |
| Enclosure | Steel plate |
| Heating method | Radiant heat |
| Rated output | 7.2kW |
| Combustion efficiency | 78.9% |
| Maximum firewood size | 700mm |
| Price | ¥472,000(tax included) |

# 暖かさこそ正義

**美しい全面ガラスドアが特徴の
パナデロの薪ストーブラインナップ。
しかし、こんどのパナデロは少しばかりマスクが違うようだ。**

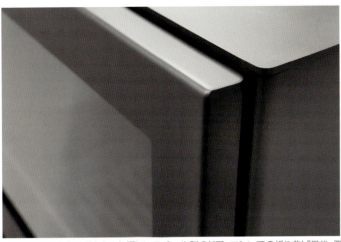

マスカリラの名称の元となった逞しいスチール製のドア。マシンでの折り曲げ業後、職人の手で美しく仕上げている。

パナデロ社のスタッフ。わずか5人で始めた同社だったが、現在は200人に達し、欧州各国をはじめ36の国々に輸出している。

弊誌を持っているのは4代目社長ミゲル・パバデロ氏。

# PANADERO MASCARILLA

Text NAKAMURA Masami
Photo YAMAOKA Kazumasa

## 針葉樹薪を焚くために開発した薪ストーブ

スペインの首都マドリードから南東約200㎞の町アルバセテに創業したパナデロ社。パナデロ家は先代まで5世代にわたって鉄鋼部門に携わっていたが、父親の死によってわずか17歳で後を継ぐこととなった2代目セバスチャン・パナデロ。

当初は農業用の鉄製品の製造工房を任されていたが、彼の決断により会社を設立することになる。これが現在に続くパナデロ社の歴史の始まりである。当時はまだ薪ストーブ専門店などに納めることが叶わず、主な得意先は金物店。しかし、セバスチャンによる薪ストーブの開発・生産能力が飛躍的に成長し始め、海外を含む多くの生産施設や倉庫を持つまでになった。その跡継ぎミゲル・パナデロになって18年を経た2017年、同社は時代を先取りして欧州エコデザイン2022に適合したモデルの開発で、高性能、高燃焼効率、低排気ガスを実現させた。これによりパフォーマンスだけでなく耐久性も高められ最長5年間の保証を付けるに至った。

さて、パナデロジャパンによってパナデロ薪ストーブが輸入されて10年が経過した。日本での販売網は「地域の気候風土の特性を把握して、家を一軒建てられる技術を持って、薪ストーブの設置工事ができるのは、工務店や設計事務所をはじめとする地域の建築スペシャリストだけ」というポリシーを貫き、パナデロ社の薪ストーブの特性を熟知したディーラーにのみ供給している。それでも現在のディーラー数は北海道から九州まで29社に上っている。パナデロの日本でのラインナップは代表的なイスラ、小型のイスラミニ、3面ガラス仕様のトレス、90㎝薪がくべられるアルタ、そして今回ご紹介するマスカリラの5モデルとなっている。

パナデロ薪ストーブ全体を通しての特徴は、針葉樹薪を焚くことを前提に設計されていること。日本では広葉樹薪を燃やすことがデフォルトだが、欧州では針葉樹薪が当たり前に焚かれている。これは高緯度地方である欧州ならではの特徴と言える。だが、日本でもスギやヒノキ、サワラなど植林された樹木は針葉樹ばかりで、未利用のまま放置林が全国に広がっている。パナデロジャパンでは、その未利用のままの針葉樹を積極的に薪として使用することを提唱している。その理由は、パナデロ薪ストーブは単に針葉樹が燃やせる薪ストーブではなく、針葉樹を広葉樹のようにトロリと燃やすことができるという特徴を持つからだ。

これまでにもパナデロの取材ではスギ薪を中心に建築端材なども薪として使用してきた。もちろん単位面積当たりの密度は広葉樹に軍配が上がるが、薪ストーブの燃焼システム自体を針葉樹の燃焼特性を考えて開発したパナデロならば、広葉樹並みに優雅な炎と暖かさをもたらしてくれるに違いない。さらに、パナデロには重要な相棒がいる。それは右ページの写真にある室内煙突に付けたドラフトスタビライザー。これによって驚くほど性能がアップするのだ。

クリーンバーンエアの吹き出し口は正面中央に6孔開いている。

## How to Ignite

❶使用する薪はスギ材。2本を左右に平行に置く。

❷その上に井桁状に焚きつけを5層ほど組み上げる。

❸焚きつけ組みの中間辺りに着火剤を挟んで点火。

❹すぐに焚きつけ全体に火が回るので、ゆっくりとドアを閉める。

# Appearance details

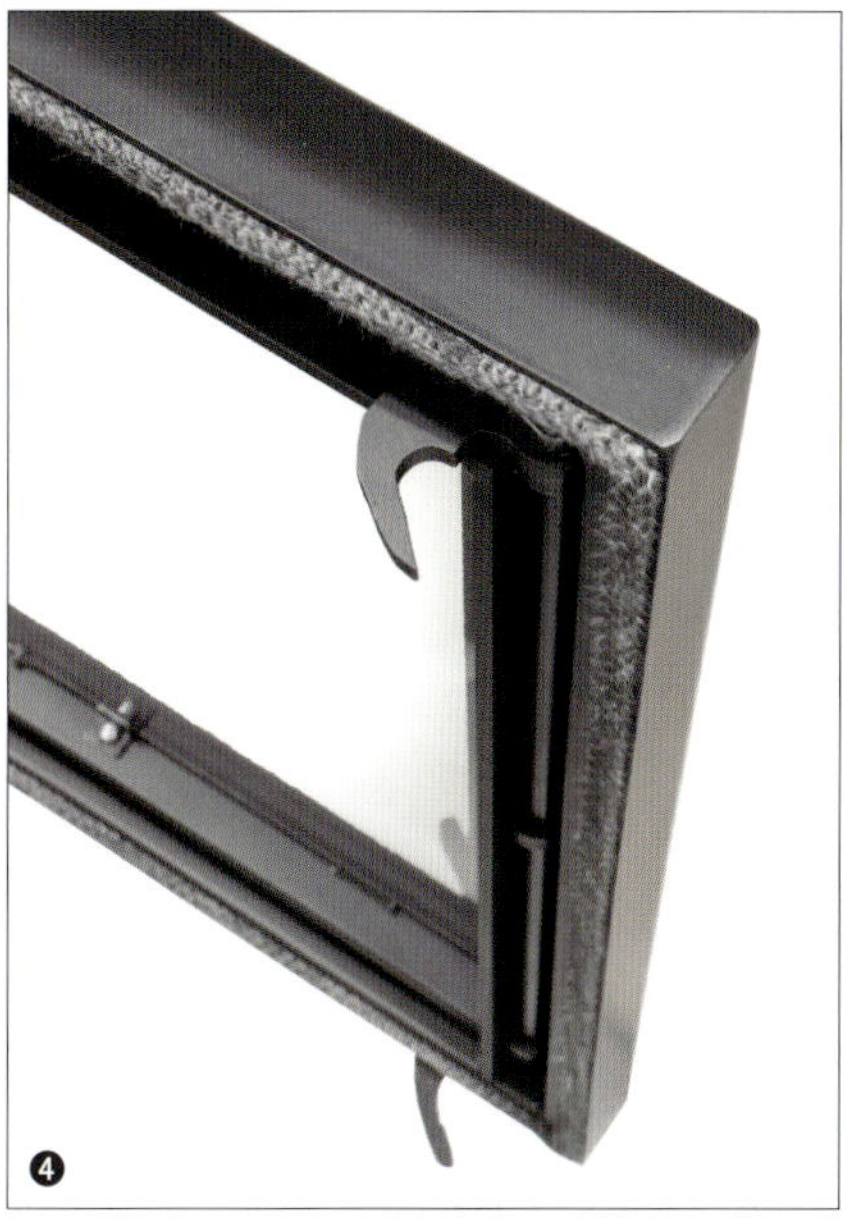

①パナデロ薪ストーブの給気量調整はすべてドア下部中央のレバーで行う。調整力はしっかりリニアに反応してくれる。②③ドアレバーは左下部の目立たない部分に配置。②が閉まっている状態で③が開いている状態。④ドアのロックは上下のツメによる。ロッカーアーム様のリンケージで繋いでいる。⑤すぐに使う薪を収納できる本体下部。写真では見にくいが、本体同様台形をしている。⑥マスカリラから採用されたダンパー。デフォルトではこのように排気量を極力抑えている。煙突長が短い場合は中央でカットして排気流量を上げる。⑦現代の薪ストーブでは見慣れた外気導入口。マスカリラは背面に向く。⑧兄弟機のイスラやアルタにはない特徴的な分厚いスチール製ドアフレーム。

## 逞しいスチール製ドアフレーム

パナデロ薪ストーブ共通項は、フォルムも造りも至ってシンプルだということ。一般的な薪ストーブと異なるのは、俯瞰すると台形の劇場型をしていることだ。これはどのモデルにも共通していて、炎をワイドに見られるばかりでなく、燃焼室左右奥のデッドスペースをなくすことで無駄を省き、熱効率もアップさせる狙いがあるようだ。

外観的にはマスカリラ特有なのがドアパネル。他モデルではドアパネルを全面ガラスで覆っていて高級感を醸しているが、マスカリラは敢えてそれを捨て、逞しいスチール製フレームを露わにしている。モデル名のスペイン語マスカリラは日本語なら鉄仮面といったところか。その名の通り同じ3サイズ、同じ重量の兄弟機イスラと比較すると逞しさを感じる。

また、背面を眺めると下部に外気導入口が開いていて、伝統工法の住宅から最新のZEHまで柔軟に対応する。火力はドア下部にあるレバーで調整するが、レバーは軽いものの開度調整は比較的正確である。

もう一つ各モデルと共通しているのが本体下のスペースだ。主に薪ラックとして使用することを前提にしているようだが、このスペースがあれば限りのある室内を有効に使え、しかも絵になる。

広い天板はイスラ同様で、さまざまな料理の加温や保温が可能。もし炉内料理をするなら10インチのダッチオーブン2台が余裕で収まるから、アウトドア料理が室内で楽しめる。

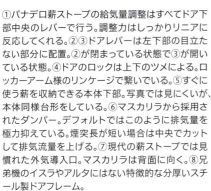

スペック上、マスカリラの最大薪長は70cmだが、実際には45cm程度の薪を中央でクロスさせながら焚くと見た目のバランスも良い。

## 広葉樹ライクな針葉樹燃焼を実現

燃焼室は幅７１０×奥行き３４０㎜とワイド。実質７００㎜長の薪を入れられるが、そこまで長い薪をくべるのは現実的ではなく、実際には４５０㎜前後の薪を中央でクロスさせたり前後に平行に並べたりするほうが効率は良さそうだ。着火は上着火で行った。焚きつけ・本薪はパナデロジャパンの地元、京都産のスギを使用した。

まず給気レバーを最大にして、本薪を前後に2本並べ、その上に焚きつけを5段ほど井桁に重ねて2段目に埋め込んだ着火剤に点火。焚きつけ全体に火が回った段階で排気の流れを変えないようにドアをゆっくりと閉める。欧州エコデザインをクリアした薪ストーブは、よりエアタイト化しているため、ドアの開閉を静かに行わないと室内に逆流するので注意が必要だ

着火性の高い針葉樹薪だけあり、本薪にも程なく着火し、そのまま本燃焼へと移行した。それにしても燃焼初期からトロリとしたスローモーションのような燃焼が印象的だ。パナデロ薪ストーブはすべからくこのような魅惑的な揺らめきをしているが、この件に関してパナデロジャパンのスタッフに聞いてみた。すると意外にも本来のパナデロが紡ぐ炎は忙しいと言う。

その理由を伺って合点がいった。先述したドラフトスタビライザーによって排気量を自動でコントロールしているとのことだった。ＰＡＮＡＤＥＲＯ社が推奨しているのはスペインの煙突メーカーＤＩＮＡＫ（ディナック）社製。日本ではまだまだドラフトスタビライザーはマイナーな存在だが欧州では普及していて、高気密住宅でも使われている。ただし、高気密住宅には外煙突に設置する必要がある。これの効果は抜群だ。一方向弁で室内空気を取り込み、薪ストーブからの過度な排気を抑えることで、優雅に揺らめく炎を演出するとともに燃費・燃焼効率を高めるだけでなく、薪ストーブ本体や煙突の保護にも一役買っている。

煙突長などの条件によってドラフトスタビライザーの調整が必要となるが、設置前にメーカーが調整するのでユーザーが触れる必要はない。一般的なクリーンバーン再燃焼式の薪ストーブであれば最高潮時にはかなり給気レバーを絞るが、パナデロ＋ドラフトスタビライザーのコンビだと、常に給気最大のままでかまわない。パナデロを導入するならドラフトスタビライザーは必需品といっても過言ではない。

スギ薪は広葉樹薪に比してくべる回数が多くなるのは読者諸氏も想像がつくに違いない。そのとおりなのだが、針葉樹燃焼を開発の根幹にしたパナデロは、たしかにくべる回数は多くなく、暖かさも十分。試焚の部屋が古民家で低気密・低断熱だったにも拘わらず土間でかつ6ｍの吹き抜けの広大な室内ながら快適な暖かさを提供してくれるのに驚かされた。

定格出力7・2kWながら無駄のないシアター型形状も相まって、暖かいというより暑い！　という表現のマスカリラ。この実力で47・2万円とは……、朗報と言うほかないだろう

# Five-sided view

Left

Front

Right

Rear

Top

**パナデロ　マスカリラ　主要諸元**

| | |
|---|---|
| サイズ | W796×D463×H854mm |
| 重量 | 155kg |
| 筐体材質 | 鋼板 |
| 暖房方法 | 輻射熱式 |
| 定格出力 | 7.2kW |
| 燃焼効率 | 78.9% |
| 最大薪長さ | 700mm |
| 税込価格 | 472,000円 |
| 問合せ | パナデロジャパン<br>https://panadero-japan.com<br>ディナックジャパン<br>https://dinakjapan.com |

# How to maintenance

シンプルな炉内パーツ。バーミキュライトを多用しているのは燃焼室の熱を熱交換により下げないための方策。左右幅が長いため正面のバーミキュライトは3分割となる。

❶炉内は炉床を除きバーミキュライトで覆われている。

❷まず正面の中央のバーミキュライトから外す。

❸次に正面左右のバーミキュライト、左側面（右側面でも可）を外す（これによりバッフル板が落ちてくるので撮影の都合上支えを使用する）。

❹全てのバーミキュライトを外す。また炉床のグレートを外す。最後にアッシュパンを外す。

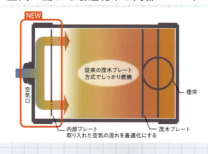

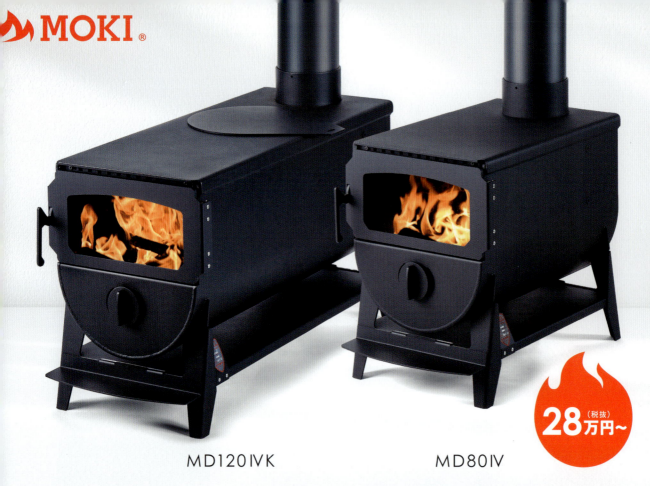

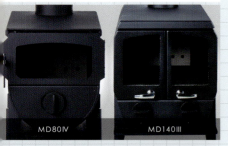

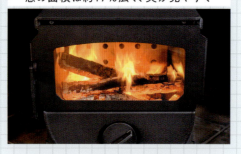

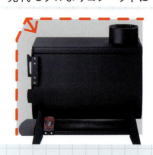

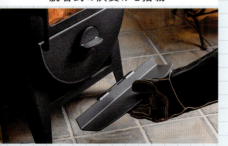

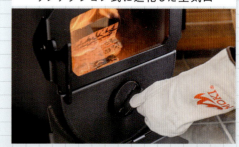

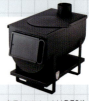

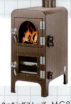

# 特集
Smart firewood life

# 薪づくりはスマートに

## 薪を無駄なく燃やすための実践科学

薪をはじめとする木質バイオマスエネルギーは「乾燥が命」です。水分は薪のエネルギーを奪います。薪ストーブの最大の弱点は薪に品質規格が存在しないことです。大きな括りとして平衡含水率とか20％以下とかはありますが、残念ながら灯油やガソリンのようにはいきません。生産地域やその環境・つくり方で品質はバラバラと考えたほうが良いでしょう。したがって薪の来歴は非常に大事です。薪づくりを楽しく、無駄なく薪を活用する方法について皆さんの参考になれば幸いです。

執筆：田代文男
薪ストーブライフコンシェルジュ、滋賀県林業普及センター・森作り県民講座講師。弊誌にても薪や薪ストーブに関して多数を執筆中。元日本電気硝子研究・製造技術開発者。

# 1 薪づくりのシーズンはなぜ冬から春が良いのか？

自然の摂理にあらがわず、寒い時期に薪づくりに励むと、さまざまな点で優位性があります。

薪づくりのスケジュール

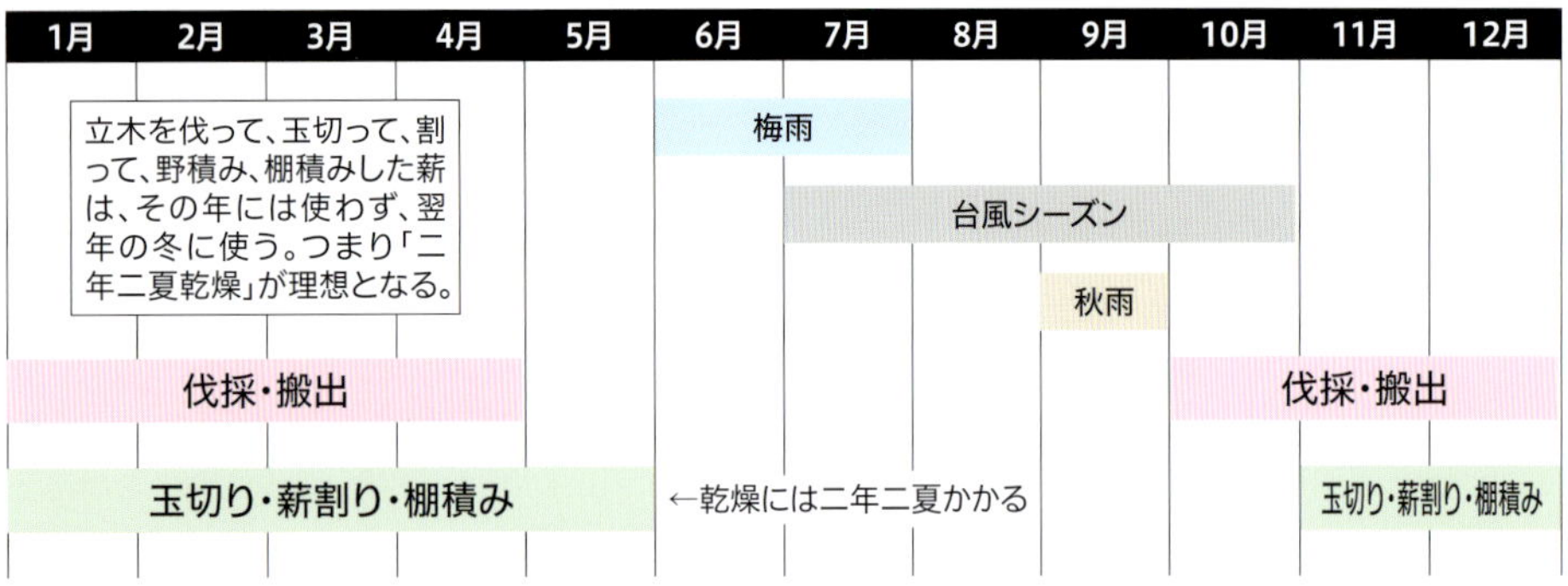


## 風通しの良いところでゆっくりと

伐採した樹を放置すれば、その時点から腐敗は始まる。原木は早く山から出すようにし、水分がある間に薪に仕上げると加工がしやすい。薪にすれば早く乾かす工夫が大事。陽の当たる風通しの良い場所で湿気を呼ばない工夫。うまく積めばディスプレーになり、日付を付ければ、時間管理ができる。2年サイクルで時間をたっぷりかければ、供給サイクルに余裕ができ乾燥も進んで良く燃える。水分率13〜15%も可能だ。

### 玉切りした丸太はすぐに割る

季節に関係なく玉切り丸太を斧で割る場合、できるだけ早く割ろう。水分が抜けだすと斧のクサビ効果が半減し、割りにくくなる。特にケヤキやクスノキは繊維が絡みさらに割りにくくなってしまう。

### なぜ冬期に伐採をするのだろう？

晩秋から冬にかけて、樹木は水分を捨てて活動停滞期に入る。この時期に伐採すれば、水分は少なく乾燥も容易だし、傷む（腐る）リスクも低くなる。そのタイミングが冬季なのだ。

## 薪づくりは梅雨入り前までに終わりたい

日本の四季は美しい。山々は春の芽吹きと共に萌えあがり、それは低山から高山へ、そして南から北へと列島を駆け上がります。

木々は葉を広げ、盛んに水を吸い上げ繁茂します。夏の陽ざしは活発な光合成で二酸化炭素を吸収し養分を蓄積します。いわゆる炭素固定です。やがて日照時間の短縮や気温の低下とともに落葉樹は葉と枝の間に離層を作り、次第に水分の供給を絶ちながら休眠状態に向かいます。常緑樹は秋に離層は作りませんが水分の供給を少なくし、春の芽吹きと共に古い葉は役目を終わります。すなわち植物の生理現象として秋から翌春は水分が最も少ない時期であることは理解できることでしょう。

薪づくりの作業においても、夏の暑い時期は過酷です。したがって薪づくり作業においても冬から春が適期であり、次に来る夏の陽ざしは乾燥促進に向けて都合の良い時期と言えます。また、樹々を用材の視点で見ても秋から冬の材は品質が安定する時期でもあります。さらに伐り出された原木を春までの間に薪に仕上げることは私たちの生活サイクルとしても理にかなっていると言えます。

ただし、工事伐採や支障木伐採は季節を選べません。また、最近は強制乾燥される用材もありますから、そうした出材を有効に使うことは大事なことです。原木入手のタイミングを問わず環境が整えば良い薪に仕上げることも工夫次第です。

もちろん、夏場の薪づくりほど過酷なものはありません。特に近年の異常な暑さの中では非効率であるのも事実です。私は夏にも作業が入ります。そんなときは万全の防暑対策をします。そして玉切りをしたら速やかに割ります。玉原木を長時間置くと繊維が絡み割れません。

### 森林・林業白書を見ると

林野庁発行の森林・林業白書によれば、戦後日本の森林在籍量はおおよそ20億トンと記されています。戦後は、スギ・ヒノキを中心とした造林・造成が活発に進められ、人工林面積は１千万ヘクタールに及んだようです。

一方で日本の高度経済成長時の建築を中心とした用材使用は６千万トンとも７千万トンとも言われる量でした。単純計算ですが、この量は30年で日本の山が枯渇することを意味します。しかし急峻な山稜を持つ国土は開発を阻み、その不足分を外材多用で賄ったのも事実です。

今や人工林は資源造成期から間伐や主伐による緩やかな資源利用期に入りましたが、1950年代後半からのエネルギー転換と相まって林業を取り巻く産業は力を失ってきました。

その結果、現代の森林総材積量は50億トンとも言われています。今や昔の里山薪炭林は崩れ、肥大化と密集化で、松くい虫やカシノナガキクイムシなどを含む病害虫も増えています。災害が多発している現状からも森林機能を維持管理・利用する視点はとても大切なことです。

# 2 薪はどの部分が良く燃えるのか？

皮の付いた薪。乾いていればどの部分もよく燃えますが、その燃えやすさには違いがあります。

乾燥していれば、どの部分でも着火は可能だが、着火性の高いのは木部。点火時には火を木部に当てて着火を促そう。

木部の中心部の色が濃い部分を芯材、その外側の薄い部分を辺材という。外部に接するのは樹皮（皮）で、燃えにくい。

皮は燃えにくいが、カバノキ属（シラカバ、ダケカンバ等）の表皮は薄く乾燥していて着火剤などにも使われる。

## 例外を除いて木部が一番燃えやすい

薪づくりを考えるにあたり、樹とはどんな特徴を持っているのか少し考えてみましょう。樹は樹皮と木部に分けられます。また、木部は辺材・芯材（心材）に分けられます。

樹皮には紫外線や雑菌・病気を防ぐ役目があります。ミネラル分を多く含み、燃やすと灰分が一番多く残留します。辺材は光合成による樹の成長を促進する維管束部などから成り立っています。従って組織としては水分・養分などを送る組織もあるため柔軟です。芯材は一般的には赤身と呼ばれ、緻密で樹幹全体を支えています。ちなみに辺材と芯材の密度差は大きいもので平均1・5倍程度あります。

樹の中でも先端と枝は光合成をするため太陽を求めて早く成長します。当然先端部分の成長は最も早く、先端に行くほど柔軟で枝元に行くほど強度が高く緻密で硬くなります。また、枝の付け根はいわゆる節となります。用材使用部分以外の枝や先端は、今ではほとんどが林地残材となり、使われることは稀です。こうした枝が燃料に活用できれば素晴らしいことですが、秘めるエネルギー量と加工エネルギー量比較を考えると、燃料的にも産業材的にも遠い位置にあります。

しかし、昔は柴刈りをして竈（かまど）で燃やしていました。特に枝の比較的太い部分のエネルギー量は大きく、現代でも活用したいところです。

薪の燃焼を密度的に見ると、密度の小さいもの（例えば辺材）から大きなもの（例えば芯材）へ行くほど長く燃えることになります。また、表面積的に見ると表面積の大きなもの（板状のもの）は早く燃え、表面積の小さいもの（例えば原木）は燃えにくくなります。単位重量当たりのエネルギーは針葉樹も広葉樹も大きな差はありませんから、密度差でカロリーが変化すると捉えるのが妥当でしょう。

樹皮は鎧や外套のように木部を守る役割をしているので、一番火が付きにくい部分です（ただしシラカバなどのカバノキの樹皮は着火剤になります）。火は付きにくく灰分を多く含む樹皮なので、薪ストーブで着火する場合は割り肌（割って現れた木部：表面の凹凸で乾燥が早い）に火が当たるように工夫すると良いでしょう。最近では上面着火が普及しているため、上面に割り肌がくるような組み方をすることで素早い着火が可能になっています。

また、木口（こぐち：切り口）も水分が抜けやすく乾燥が早いところですから、汚れたり菌が生えたりすると燃焼時にガス化成分が出にくくなるので注意が必要です。もしそうなった場合は、ブラシなどで落とすようにしましょう。この木口の乾燥しやすさを利用して、薪を縦にして上面着火する方法も良いと思います。ただし、クラシックタイプの薪ストーブでは燃焼室の上下に空間が少ないため推奨できません。

薪をどのように扱うかはとても大事なことです。樹の特徴をよく理解し、すべてを丁寧に燃やしたいものです。

# 3 針葉樹薪と広葉樹薪の特徴

日本では薪ストーブの燃料と言えば広葉樹が多いですが、針葉樹の特徴を理解すれば使いやすさは抜群です。

**表1　薪ストーブに使う主な樹種の気乾比重と燃焼カロリー**

| 樹種名 | 気乾比重 | カロリー（kcal） |
|---|---|---|
| ナラ | 0.62〜0.72 | 4,690 |
| コナラ | 0.81〜0.83 | 4,562 |
| ケヤキ | 0.61〜0.62 | 4,392 |
| ヤマザクラ | 0.60 | 4,721 |
| ヤマモモ | 0.77 | 4,622 |
| イタヤカエデ | 0.67 | 4,670 |
| シイ | 0.47〜0.60 | 4,670 |
| カラマツ | 0.50〜0.53 | 4,920 |
| スギ | 0.34 | 5,018 |
| ヒノキ | 0.37 | 5,192 |

＊数値はサンプルによって変わる。

**表2　木材の主要3元素の組成**

| | |
|---|---|
| 炭素【C】 | 約50% |
| 酸素【O】 | 約43% |
| 水素【H】 | 約6% |

**表3　代表的な木材の科学組成（単位%）**

| 樹種名 | 樹種 | セルロース | ヘミセルロース | リグニン |
|---|---|---|---|---|
| 針葉樹 | スギ | 49〜57 | 14〜21 | 18〜35 |
| | ヒノキ | 51〜58 | 12〜21 | 26〜32 |
| | アカマツ | 49〜58 | 14〜24 | 25〜32 |
| 広葉樹 | ナラ | 50〜62 | 9〜26 | 21〜23 |
| | ブナ | 52〜61 | 21〜28 | 18〜24 |
| | カバ | 51〜61 | 18〜30 | 17〜24 |

成分の熱分解は低温から高温へ、ヘミセルロース、セルロース、リグニンの順に分解・燃焼する。この他に細胞内含有成分が含まれる。

湿地に多く生えるハンノキ。煙の発生が少なく「殿様の薪」とも呼ばれている。

## 薪の適材は樹種だけでは判断できない

国産薪で代表的な針葉樹と言えば、スギ・ヒノキ・アカマツ、カラマツ、などでしょうか。

広葉樹なら、ナラ・カシ・クリ・ケヤキ・カバ（シラカバ・ダケカンバ）・ブナ・サクラなどが挙げられます。

比重（密度）を見れば針葉樹は0・35〜0・45あたりが多く、広葉樹は0・5〜0・8くらいとなります。針葉樹は比較的軽く、日本では建築用材にたくさん使われてきました。広葉樹はずっしり重く、やはり建築用材から燃料用までたくさん使われてきました。

広葉樹が針葉樹より重く樹脂も少ないので、薪炭林として多く利用されてきたことが頷けます。また、樹には精油と言われる成分も多く、防虫剤（クスノキ＝樟脳）や健康（ヒノキ＝風呂）や食品（スギ＝清酒、サクラ＝燻製）にも使われてきました。

薪をエネルギー的に見ると、そのカロリーは針葉樹も広葉樹も単位重量的（例：1kg当たりのエネルギー量）には大きな差はありません、ただし嵩的（同じ体積）に見れば前述のように広葉樹の比重が大きく重いことが特徴となります。針葉樹は比重が小さく軽いので嵩高になります。これは燃焼時間に影響しますから投入回数や置き場面積も多くなるなどの差はあります。ただしそれとて薪ストーブの技術進歩から、その差は少なくなりました。

例えばマツは水分の少ないところが適地で樹脂成分（松脂）が多く、逆に湿地に生える樹などは樹脂成分が少なくなります。ハンノキなどは湿地に多く生えますが、煙が少なく別名「殿様の薪」と呼ばれるそうです。マツもハンノキも比重は0・53ですから、同じ重量でも真逆の特徴を持った薪と言えます。つまり、樹脂分が多いマツの芯材あたりは、低温でも着火可能で油煙が多く出ますから、標準薪に仕上げるよりも細くスティック状にして点火材や着火剤として使うという方法が考えられます。

こうして考えると、薪にする樹を広葉樹・針葉樹などの樹種だけで判断するのではなく、その性質を十分に理解することが薪ストーブを賢く焚く早道になりそうです。そして、乾燥を十分に行えば、どんな樹種でも薪として使えることが理解できます。広葉樹・針葉樹にこだわる必要は現代ではありません。着火性の高い針葉樹をスターターとして一気に温度を上げていき、燃焼室が熱せられたら密度の高い広葉樹や本薪をくべる、という使い分ける方法も考えられます。

日本の国土のように急峻で南北に長く、四季がはっきりあることを考えると、西日本以西ならクスノキが多いとか以北ならブナが多いとか、それぞれの地方には昔から伝わる薪に適した樹種もあるはずです。

地域の伝承や歴史も踏まえ、さまざまな角度から薪にする樹種を理解することは、単なる薪づくり作業にとどまらず、より良い薪ストーブライフに繋がるといえます。

## 薪ストーブのドアの変遷

ドアやガラス窓のない極初期型薪ストーブ（フランクリンストーブのレプリカ）。

ドア全面を鋳鉄で覆って暖房効率を上げた薪ストーブ（ヨツール121）。

透明な雲母をガラス代わりにした薪ストーブ（ルネッサンス）。

耐熱ガラスを採用した初期型の薪ストーブ（フランクリン82）。

炉床とトップを除いて全てガラスにし、フレームのみが鋼板製（パンサーム80ネロ）。

# かつてあった「広葉樹神話」

日本の薪ストーブ黎明期後半の頃、薪ストーブ用の薪は広葉樹が良い、針葉樹は良くないと言われてきました。当時の薪ストーブはガラス部分を持たないか極端に小さい目穴が付いた鋳物製が多くを占めていました。炉室の状態確認と言えば、雲母（マイカ）でできた目穴やスライド式の目穴から、中が明るく見えるか否かを確認する程度でした。炉内の状態を知るには投入口を開けなければ確認できませんでした。もちろん、薪ストーブ設置基準や薪の乾燥度と燃焼、空気量と燃焼、薪の樹種と燃焼などは確立されておらず、派手に焚いて暖まるという頓着ない時代でした。

さらに、住宅の断熱性能や気密性能は低く、キャンプファイヤー感覚でガンガン燃やしたり、燃えるものは何でも燃やしたりするような過酷な使い方が多く見受けられました。その結果、低温炭化火災をはじめとして全焼火災も多く聞きました。そんな使い方を考えると当然のように鋳物本体が割れる、ロストル（火床）が軟化してしまうなど本体トラブルも多発していました。

そんな中、比較的広葉樹が煙も少なく安定して燃える「広葉樹が最適」と言う流布が急速に広まりました。針葉樹より広葉樹が扱いやすいことは昔の薪炭林を考えてもはずれた話ではありません。こうしたことが、いつしか広葉樹礼賛の話として定着しました。

そうした経緯をたどりながら薪ストーブも長足の進化を遂げてきましたが「我が社の薪ストーブは広葉樹も針葉樹もよく燃えます」と言う謳い文句の薪ストーブが出ました。大慌てしたのは今まで針葉樹は燃やせないと言っていた薪ストーブです。そして、節度を持って扱えば広葉樹も針葉樹も燃やせると言う時代が訪れました。

その間には薪ストーブ燃焼技術の進歩、特に大きな耐熱ガラスの出現で炎が良く見えダイレクトに輻射熱が放出される機種、安全な断熱二重煙突の普及、そして耐震や耐火を考えた設置基準の確立と住宅性能の進化があります。おかげで今はほとんどの機種で安全に薪ストーブライフを楽しめるようになりました。

### ガラスによって薪ストーブが普及

昔のガラスが熱で良く割れたことはご存じでしょう。その頃のガラスはソーダガラスでした。筆者が務めた企業では1962年に熱に強く割れないガラスを誕生させました。当初は魔法瓶用ガラスから着手し、結晶化ガラスのパイオニアとして耐熱鍋、ターンテーブルや薪ストーブの窓として発展しました。原理は特殊組成のガラスを熱処理し、目に見えない微細な結晶を作ります。残されたガラス質の膨張と結晶の収縮が打ち消し合って熱膨張はほとんどゼロになります。ゼロ膨張ですから急熱急冷に強く800度に熱したガラスに水をかけても割れません。特に薪ストーブ用ガラスには高耐熱熱線皮膜を付けて燃焼効率を高めています。

# 4 割りやすい薪割斧の種類

和斧と西洋斧は考え方の違いから形状も重量バランスも大きく異なります。その特徴をみていきましょう。

平均的な日本人の体格の場合、伝統的な和斧はとても割り易いツールだ。市場には普及品から高級品まで沢山出回っているので是非試していただきたい。

さまざまな形状の斧

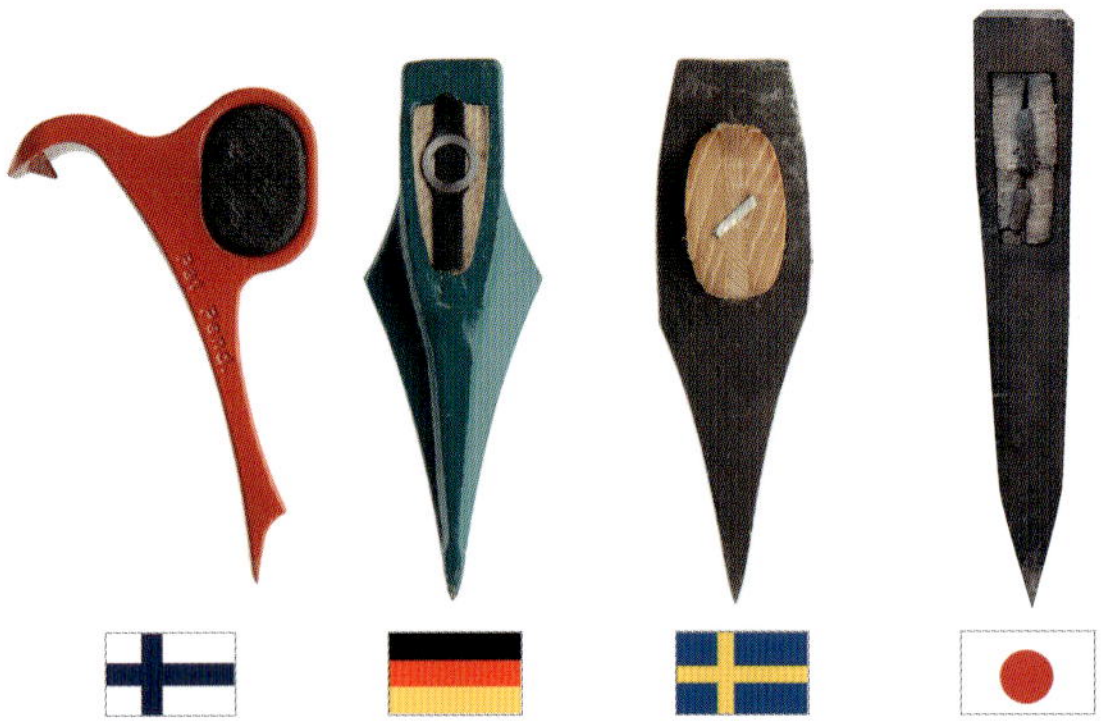

フィンランドの斧
左右非対称。テコの原理を用いて割る。

ドイツの斧
斧身の刃に重心を据え軽量化しつつも破壊力を保つ。

スウェーデンの斧
刃先が鋭く、それをきっかけに一気に押し開いて割る。

和斧
独特なはまぐり刃。洋斧に比べ刃先と櫃穴までの距離が長い。

図　ナタやヨキで細い枝切作業や焚きつけづくりの切り方

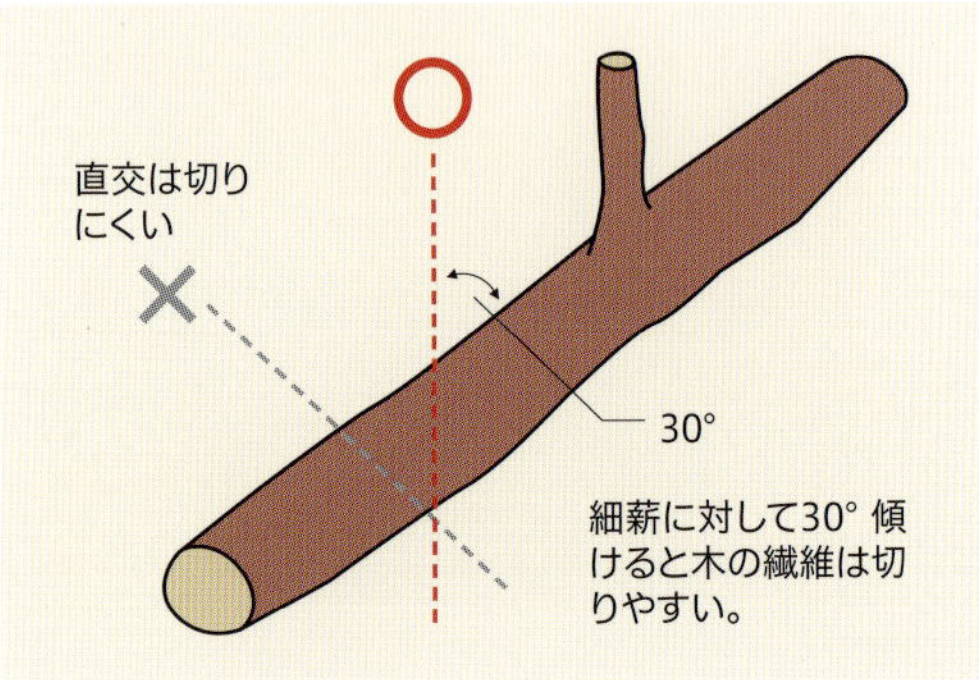
直交は切りにくい
30°
細薪に対して30° 傾けると木の繊維は切りやすい。

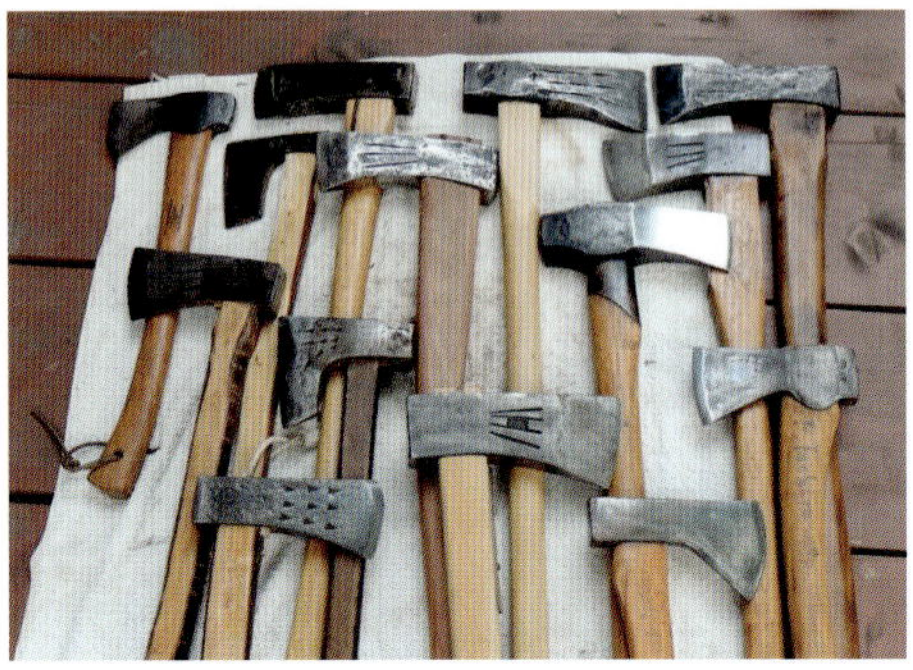

筆者が使用している斧たち。目的によって使い分けている。

## 日本人の体格に合わせて発展した和斧

初めて薪ストーブを導入された方は、斧で薪割りをするワイルド感ある姿を一度は想像されたことがあると思います。忙しい現代社会では、精神的なON・OFFの切り替えにも役立つようです。薪割りの斧、焚きつけや細物処理の斧（ヨキ）鉈（ナタ）にもそれぞれの用途があります。まずそれらをしっかり認識する必要があります。

枝払いや伐倒する斧は切れ味優先ですから全体的に薄刃で軽く、スパッと切れることが要求されます。逆に薪を割る斧は力強い衝撃と原木の中心部に楔（クサビ）を打ち込んで裂くような機能が求められます。当然、後者は重量感があります。また、体力差や対象原木で選ぶ斧頭（おのがしら）の重量や柄の長さにも特徴が出ます。

鉞（まさかり）と言われる斧はいわゆる伐倒用の斧で、チエンソーをはじめとする林業機械の普及で、今ではほとんど使われることはないと思います。

現代に残る洋斧は、柄が比較的短く斧頭が重いことが特徴です。海外の木こりは腕が長く力のある方が使うからでしょうか。刃の形状はいろいろありますが、原木に打ち付けたときの接触面積が薪割力に影響しますから、打撃力で割ることを踏まえた形状が多くあります。そして、刃先から柄を付ける櫃穴（ひつ穴：柄を差し込む穴）までの距離が比較的短く仕立てられているのも洋斧の特徴です。

これに対し和斧は、どれもよく似た特徴があります。刃先は貝が閉じたようなハマグリ刃、刃先から櫃穴までの距離は比較的長く楔として原木の奥まで食い込むような形状をしています。また、柄の長さは海外品より長く、3尺（約90㎝）程度のものが普及しています。腕の力より長い柄で振り下ろした際の回転周速で打撃力を上げる意図があります。

昔からある、疲れにくく長く作業が継続できる形状です。また、振り下ろした際、刃の先から次第に全体が食い込むように設計され、より少ない力で割れる力学的工夫があります。刃先は思うほど鋭いものではありません。

どの斧にも共通することですが、斧頭の重さにもそれぞれ特徴があります。標準的な体格と言う表現になりますが、一番疲れが少なく長く作業継続できる斧頭重量は1・8㎏あたりと言う話を読んだことがあります。事実、筆者の経験でもそのあたりの斧は使いやすいと感じています。購入には自分で試し割りをして、長時間作業が可能と思う斧を選んでください。

鉈やシングルハンドの斧は、細い枝切作業や焚きつけづくりに有効です。筆者は農家の生まれですからヨキやナタは早くから使ってきました。これで切る場合、細い薪や枝であろうと刃を対象物に直角に当てても切れません。刃を入れるときは30度くらい斜めに（ちょうどチエンソーの刃の角度）に入れるのが常道です。薪づくりに斧やヨキ・ナタは必須です。安全で効率よく使いたいものです。

# 5 節あり原木の攻略法

節が多かったり大きかったりする薪は簡単には割れません。でもコツをつかめば意外に簡単に割れます。

### 節のある丸太の基本的割り方

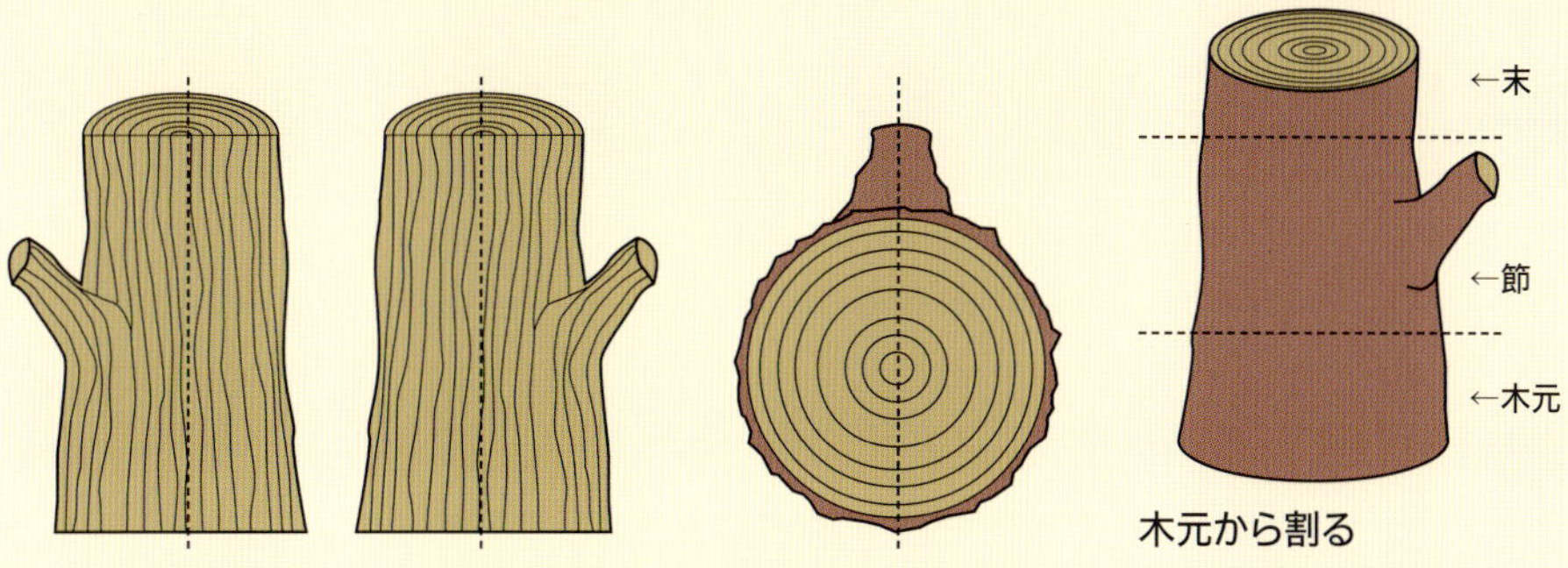


**節に対して丸太の中心を割る**

節は丸太の中心部までしか通っていないため、逆半分は素直なことが多い。節の干渉していない半分から攻略すると、繊維の方向がわかるので次の一手を考えられる。

**節の中心を割る**

節の繊維に沿って割ることになるため、素直に割れる。基本は木元を上にして割る。

**木元から割る**

節（枝の根元）は木元から二股になって伸びているため、節部分は繊維が集中していて末（上部）から割りにくい。このような場合は天地を逆にして木元から割る。

繊維方向にブリックにすると早く乾燥する。まとめて土嚢袋に入れれば便利。

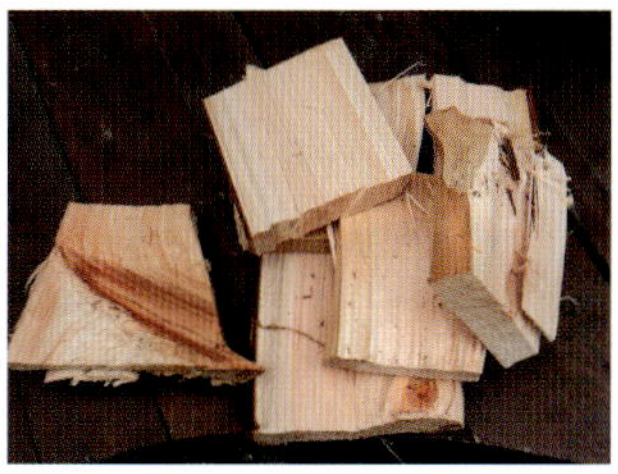

焚きつけ材は、針葉樹を20cmの板状にしておくと乾燥が速い。

節の中心を割ると素直に割れてくれる。細い枝部分でも、繊維の強固さがわかる。

## 難攻不落の玉切り丸太、割れるのか

ちまたの薪割り動画や画像を見ていると、小気味よく割っているものが多く投稿されています。しかしそのほとんどは節のない繊維の通った割り易い原木です。現実の薪割りを始めるとそんな原木ばかりではありません。どうにもならない節だらけの難敵原木（丸太）があります。

節だらけでどうにもならないなら、あっさりチエンソーで切込みを入れ、斧とクサビを使って割るか油圧薪割機など違う使う方法で割ればよいのですが、手割りは薪割りの基本のキであり、醍醐味でもあります。

ここでは、機械に頼らない斧での節あり原木の攻略方法を考えてみます。

筆者は斧で割るとき、先人たちの「木元竹末」という言葉を思い出します。木の根元側から割ると繊維が通って割り易いと言う意味です。

では節の多い丸太を正攻法で割る場合はどうすれば良いか、私の手順は以下となります。

**①原木を四〜六分割するくらいなら（20〜30㎝くらい）、節を割らないで済む位置を考えて割ります。**

**②どうしても割らざるを得ない場合は、節の位置が木元に近ければ、節の位置はできるだけ下に来るように反転させて、クサビ効果を最大限活用します。この場合木元には固執しません。**

**③逆に節が木元から遠ければそのままで割ります。いずれも斧のクサビ効果を最大限に発揮するためです。**

**④原木を二分するだけなら最初から節の中心を狙って割ります。**

**⑤原木を四分割以上の場合でどうしても節に当たる場合は最初に節の中心を割ります。**

**⑥節が割れたら樹の繊維が見えるのであとは真直ぐな繊維に沿って任意に割ることができます。**

斧で割れなかった難敵原木も工夫次第です。筆者は、チエンソーで繊維方向に短くカットし、ブリック状態にして土嚢袋に詰めて乾燥させます。

また、細薪も枝つき薪や端材も繊維方向に短くカットして袋詰めします。節あり枝も針葉樹も広葉樹も貴重なエネルギーです。これらを雨が掛からず風通しが良いところなら一年乾燥でも十分使える状態になり、焚きつけやタ一ボ薪として重宝しています。

特に筆者の焚きつけ材は着火性の良い針葉樹ですが、節も多くあります。それらを20㎝の板状にして乾燥させ、使う前にヨキなどで細く割ります。

いずれも保管場所に余裕があれば、屋根の下で風が通るところなら時間短縮と虫の入らない美しい薪をつくることが可能です。

さて、もし油圧薪割機の導入を考えておられるなら大事なポイントは油圧シリンダーのストロークタイム（サイクルタイム）です。ストロークタイムはそのまま仕事効率です。さらに刃の形状も斧同様に大切なポイントです。刃の接触面積や形状を理解すると、油圧機の性能を最大限引き出すことができます。

# 6 ベストな薪のサイズとは

薪のサイズには規定はありませんが、効率の面から考えるとベストなサイズがありそうです。

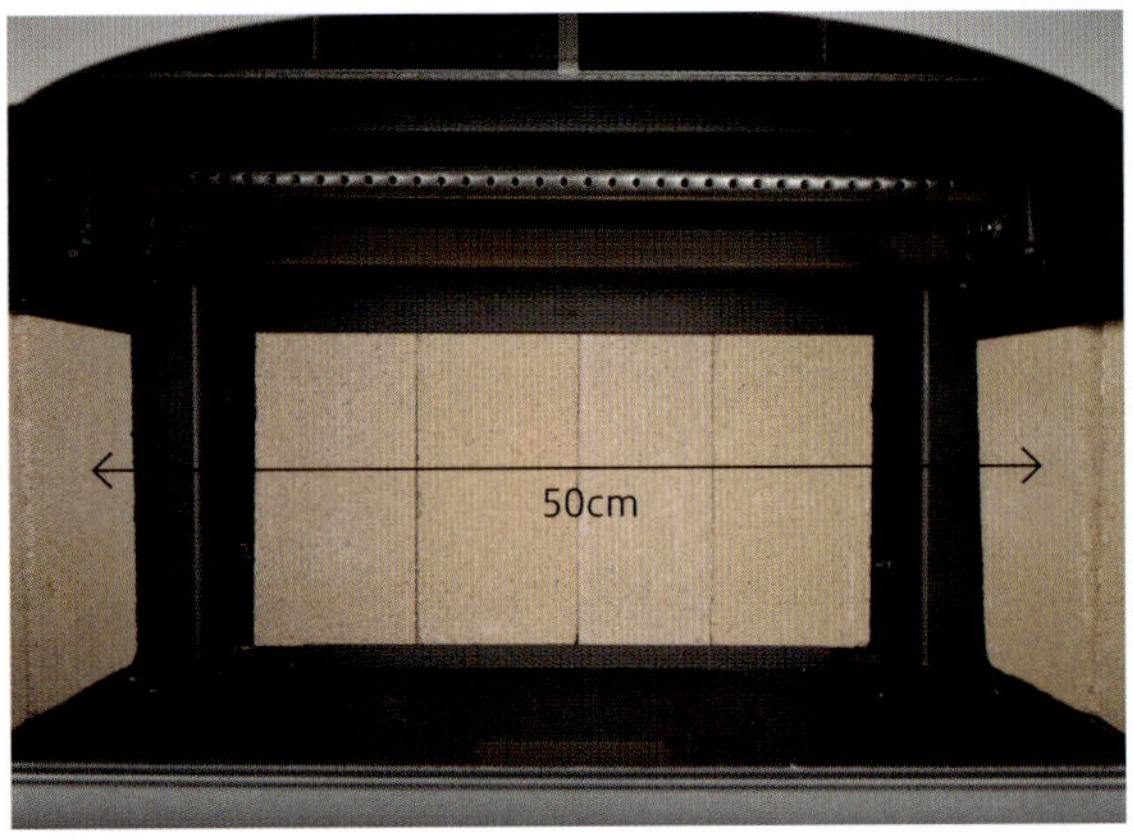


カタログスペックにある「最大薪長」は写真の炉内長であることが多い。薪が収まるサイズであって効率よく燃える長さではないことを理解したい。最近は「推奨薪長」を明記しているモデルも増えている。

燃焼室の幅が最大級のパナデロ アルタ。最長90cmの薪を投入可能。しかし、写真のように45cm薪を組みながら余裕を持たせると効率が良く、見た目も美しい。

## カタログスペックに惑わされぬように

日本の薪長さは昔から尺二・尺三と言われてきました。薪の長さは一尺二寸か一尺三寸と言う意味です。メトリックに変換すると35㎝から40㎝くらいになります。昔の薪燃料用途と言えば、竈（かまど）と囲炉裏、風呂焚きが主流でした。竈や風呂焚き時の扱いだけでなく、薪全般を扱うにあたって、荒縄や針金で束にする場合や運ぶ場合、この長さが一番扱いやすかったため「薪は尺二か尺三」なのです。

一部の地方では三尺薪があったと聞きます。いわゆる囲炉裏用で先端をわずかに交差することで長くチョロチョロと、それも乾燥が未熟な薪をあえて燻らすことで茅葺屋根を守ってきたのでしょう。海外でも1ｍくらいの長さに切り、薪に割って井桁積みで乾燥させ、あとで目的に合わせて任意に切りそろえる方法があります。

本誌にも掲載しているように、薪ストーブ機種カタログによっては、50㎝薪が入るとか60㎝薪が入ると言う記述があります。そのような長い薪を入れることは可能ですが、それは最大薪長さを表現しているわけで、決して推奨しているわけではありません。

これは炉の大きさを表現する手段であると考えるべきでしょう。それに40㎝を超える長い薪は乾燥期間も長くなりますし指定サイズで購入するとコスト高になります。レギュラー長さの薪で余裕をもって上手に燃やし、炉内での薪可動にも余裕を持たせた方が燃焼効率もコストも良いです。

では、太さはどうでしょうか。ビギナー薪ストーバーは、多くの方が太い薪を考えます。薪が太ければゆっくりチョロチョロ長く燃えて薪の継ぎ足しが楽になるとの発想です。気持ちはわかります。しかし、残念ながらそう思うように事は運びません。

薪が燃える原理は燃焼の三要素、①燃えるもの、②空気（酸素）、③熱、の3つがそろった時です。例外はありません。さらに、薪が燃えるのは、薪を構成している成分が熱によって分解揮発したガスに、空気と熱が存在することで着火します。薪の成分にも匂い成分のように常温で揮発するものから、タールのように高温にならないとガス化しない成分までさまざまです。

それらの成分が連続してガス化し、連続して空気が供給され、連続して薪に熱が供給されガス化燃焼が続きます。そして最後に炭素が熾火（炭火）の形として残り、空気と熾火が触れ合うことで接触燃焼となり、やがて燃え尽きます。

炉内で薪が燃え続けるには、適度な太さと量の薪が存在し、常に薪を加熱し続ける熱が存在し、常に燃焼に必要なだけの空気が供給されていることが大事です。そのためには薪が多くても太くても、熱が不足しても、空気が不足しても、燃えないことを理解してください。

また、ユーザーであれば、薄い板はすぐにメラメラと燃え尽きること、大きく太い薪にはなかなか火が付きにくく燻ってしまうことも理解できるはず

炉内長より数センチ短めの薪に仕立てると、写真のように木口からもガスが発生して自然に炎が立つ。効率の良い薪の太さは、健全に燃えて1時間から1時間半ぐらい。それ以上燃えている場合は太すぎたり、乾燥が足りなかったりしている可能性が高い。

薪の太さの目標は長さに関係なく、広葉樹なら500mlのペットボトルからビール瓶クラスまで、針葉樹なら一升瓶までの太さに仕立てよう。

青カビ撲滅対策として木灰を付けてみた。強いアルカリ性のため青カビはある程度死滅した。そうならないために繊維飽和点まではランダム乾燥が良い。その後、保管は乾燥した風の通る場所に積み上げる。

日当たりが悪く湿気の多い場所に保管すると乾燥が遅いばかりかカビが生える危険性もある。白カビは露天乾燥時に生えやすく、青カビは屋根付き乾燥でも湿気によって生えてしまう。

ナラ薪をこの太さに割るのは間違い。たとえ二年二夏置いても芯まで乾燥できないだろう。また、燃焼のための三要素「燃えるもの」「空気（酸素）」「熱」のうち空気量と初期燃焼では熱も足りないため不完全燃焼となり、煙突から煙と臭いが大気放出されることになる。この薪は3分割くらいがちょうど良い。

です。これらの現象から、細い薪から太い薪までの間には、必ず適度にバランスの取れた太さでよく燃えるサイズの薪があることも想像できることと思います。

　さて、そうした考えのもと、適度な薪の太さとは具体的にどの程度のものを指すのか考えてみます。薪の燃焼とは複雑な連続燃焼です。燃焼には薪の乾燥度合いや使用薪ストーブの機種ごとの特徴が加わります。さらに薪自体の質量と表面積の関係から、薪への熱の伝導スピードや樹種単位でのガス化成分の違いなどがあります。そうした違いも含めて総合的に考え合わせると、一般的に500mlペットボトルサイズ、広葉樹なら太いものでビール瓶クラス、針葉樹なら一升瓶程度までと考えます。

　もし、この太さの薪より太くなれば、燻る現象が出たり、たとえ燃えたとしても給気を常に最大限にしたり、中にはドアばかりか灰受を開けて、強制的に燃やすような行為に繋がることでしょう。こうした行為は大変危険ですし、大切な薪エネルギーを暖房に使わずどんどん大気へ放出している無駄遣いになります。また、最大の問題はご近所への強烈な臭いの拡散になりますし、火災と言う重大事故にも繋がります。

　乾燥した適度な太さの薪は、薪ストーブ内で燃焼が完結し輻射熱として室内を長く暖めます。そうした薪は燃焼が順序良く完結するため、熾火もたくさん残ります。

　太い薪は火持ちが良いと言う話は、決して燃焼や暖房に寄与しません。むかしの茅葺き屋根時代であれば、虫の侵入を妨げるために燻らせることはありましたが、現代の住宅では他人への迷惑行為に他なりません。

## 他人事ではない煙問題

　薪ストーブライフも光と影があります。華やかな光の部分は数多紹介されますが、影の部分は表には出ません。筆者が里山活動を始めて数年後、親友に煙問題が起こりました。仲良しご近所だったはずの方から、薪ストーブの煙苦情が出たのです。すぐに使用を止めたようですが家族の精神的ダメージは大きく、転居を余儀なくされました。

　当時すでに煙問題はSNSの隅っこで発見できましたが、業界もユーザーも、そのことがどれほどの問題となるかまで思いは及ばなかったと思います。事実筆者もそうでした。

　成熟した社会において、環境や人権や倫理観など社会規範が急速に変化します。今やSNSの力は侮れません。視点を変えると社会全体がヒステリックになってきたと思います。

　業界ではいち早くこのことに気づき、煙問題に取り組んでいますが、残念ながらユーザーとの意識乖離には大きいものがあります。

　このことは単なる趣味の世界観ではなく、安全な扱いを含め、生活文化の域に高める努力が必要です。

煙や臭いは室内からはわからない。怪しいと思ったら外に出て確認しよう。

# 7 良く燃える薪の含水率は？

**薪の含水率は限りなくゼロに近づけることが理想ですが、現実的には15～18％が良質な薪の目標点です。**

薪の含水率と熱量の関係

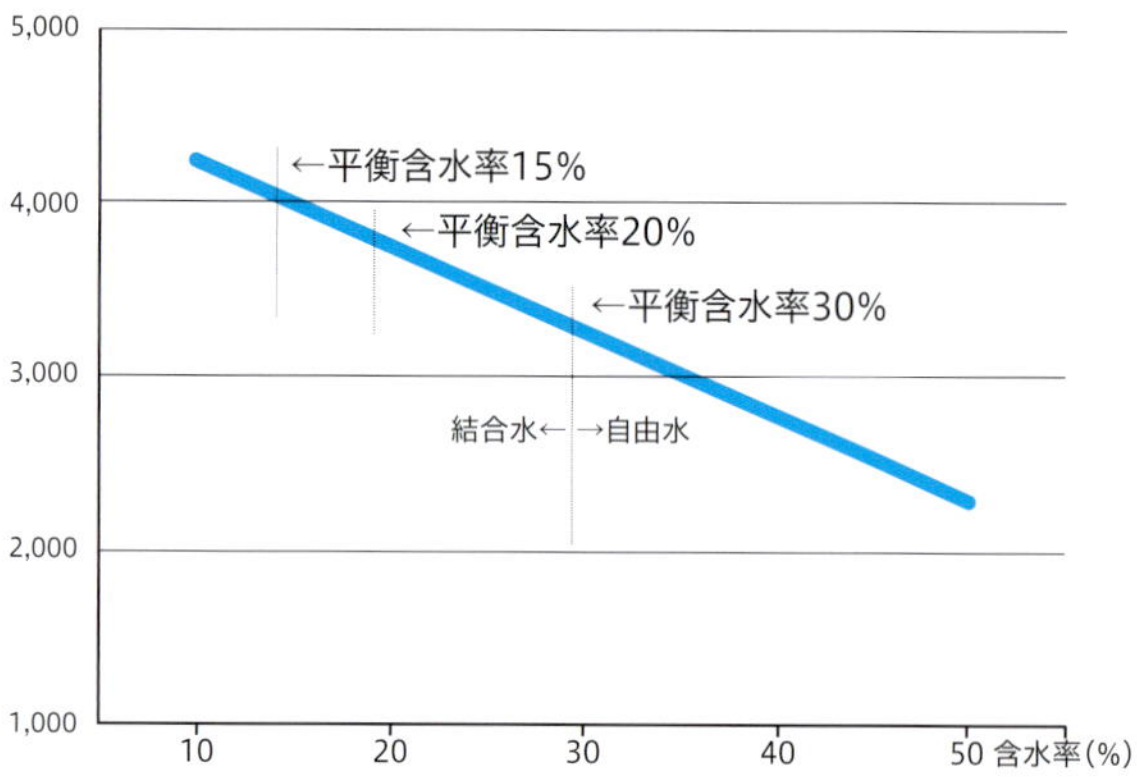


水分は燃焼時に気化熱となり薪エネルギーを奪う。水分率15%なら4,000kcal以上の熱エネルギーを発生する。30%ならわずか3,300kcalとなり、水分が熱量を大きく左右することがわかる。特に20%付近の着火と燃焼は、わずかな水分率で大きく違ってくる。

木材の乾燥状態

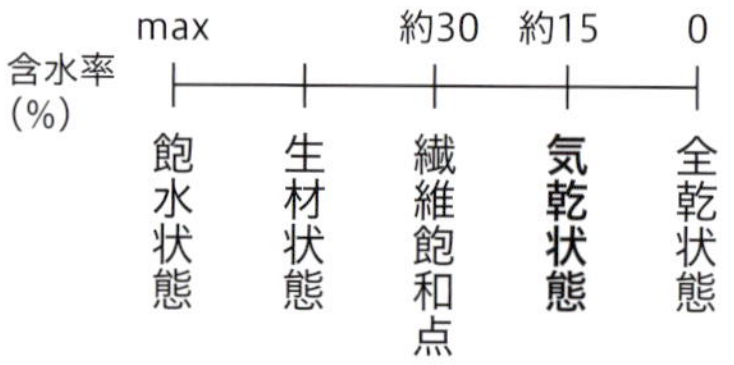


| | |
|---|---|
| 飽水状態： | これ以上水分を保てない最高含水率の状態 |
| 生材状態： | 伐採直後の含水率 |
| 繊維飽和点： | 木の維管束にある自由水が抜けた状態 |
| **気乾状態：** | **空気中でこれ以上乾かない状態** |
| 全乾状態： | 強制的に水分を乾燥させて含水率0%の状態 |

＊薪の目標乾燥状態は平衡含水率（気乾状態）を目指す。

## 一般的な薪の含水率計

**電気容量式**

電気を流し、その測定物が蓄えている電気容量の変化を水分値に置き換えて数値化する。最大数センチの内部まで測定できる。ただし、比重の影響を受けやすく、樹種ごとに設定し直す必要がある。

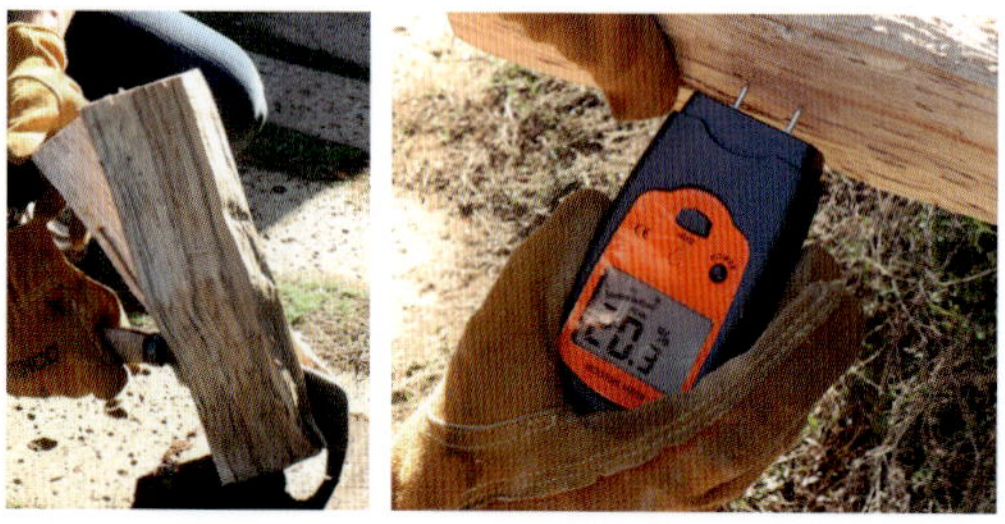

**電気抵抗式**

測定する対象に電気を流し、その抵抗を水分値に置き換えて表示する。安価なため電気容量式に比べ入手しやすいが、針が届く部分の測定しかできない。写真のように測定直前に薪を割って中心部を測定すると良い。

## 平衡含水率以下で皆が幸せになる

薪（木質バイオマス燃料）は昔から乾燥が命です。乾燥の未熟な薪は燃えません。皆さんも感覚的には理解されていることでしょう。その原理は水分が蒸発するとき（水分が水の状態から蒸気の状態になるとき）気化熱と言う吸熱反応が起こり熱を奪うからです。打ち水をすると涼しくなるのはこの原理です。したがって、それが起こりにくい水分量まで薪を乾燥させなければなりません。

また、薪の乾燥を計測する場合、用材の世界では乾量基準含水率と言う方法を用いますが、薪の場合は湿量基準含水率と言う相対的な計測をします。すなわち、1kgの薪の含水率が20％なら、薪の重さは800gで200gが水分ということです。

ですから、薪を購入される時、重量で購入しますと、乾燥が甘ければ水をたくさん買ったことになりかねません。購入に際してはいつ割ったか、その薪の水分率は何％かが重要な判断材料になります。

樹を伐り早い時期に玉切りまでした樹の水分は相当早く乾燥が進みます。通常、樹の表面含水率（以下含水率と略）が30％の繊維飽和点（木の維管束にある自由水が抜けた状態）に達するのは私の経験でも相当早いです。しかし、平衡含水率（空気中でもうこれ以上乾かないと言う状態：気乾状態）と言われる乾燥薪の状態になるにはかなりの時間がかかります。通常、平衡含水率は15～18％（樹は呼吸すると言いますが、地方によって、また季節によって変化します）付近だと思います。

繊維飽和点から平衡含水率までは樹の細胞内ある結合水が乾燥して達成できます。それにはやはり二夏を経過する時間が必要です。ちなみに欧州では20％を下回らないと乾燥薪とは言えないようです。日本では本気で薪に取り組んでいる薪生産業者がいるものの、含水率20％以上の生薪に近いような薪を販売する業者もいます。自衛手段として、含水率計の購入をお勧めします。日本には薪に対して科学的な定義がないため、サイズはもとより含水率に関する決め事がありません。これに関しては筆者も微力ながら関わっていこうと思っています。

さて、だれもが含水率を早く下げたいと思っていることでしょう。そのためには、薪づくりでは原木を早く割ってしまうことが一番です。割った薪は最初ランダムに放置して、水分が繊維飽和点あたりまで下がれば、屋根の下で隙間を多くとって薪棚に積み、太陽と風でどんどん乾かすことが効率的に良いと思います。

筆者が考える〝薪が効率よく良く燃える含水率〟とは、平衡含水率を指します。屋根の下なら平衡含水率を下回る乾燥薪もできます。しっかり乾かして20％より多い含水率の薪は乾燥薪ではないと考えてください。事実、薪の中心部で20％と21％では明らかに燃え方に差が出ます。たかが1％、されど1％ですね。

# 薪の保管場所は？

つくった出来たての玄薪の保管次第で、その後の薪の善し悪しが変わってきます。

梅雨に入る前には屋根のある薪棚に保管する。その時、皮を下にして風が通るように薪と薪の間を十分に開けて積む。これを俵積みという。空間が少ないと風が通らず乾燥が遅れてしまう。

玉切りした丸太はできる限り早く割りたい。冬～春に割った薪はこのように野積みで自由水を蒸発させながら油脂分も出して行く。

こちらも詰め込みすぎの例。しかも建物の壁に近いためさらに乾燥が遅れてしまう。建物との隙間はなるべく広く取りたい。

隙間なく薪を積んだ悪い例。薪棚スペースに限りがあるとどうしても詰めて積んでしまいがち。だが、ここまで詰めてしまうと木口からしか乾燥できない。

薪積みに余裕が出てくれば、このようなアーティスティックな薪棚も良いだろう。

### 頑張った後に訪れる至福の時間

アウトドア作家・故 田渕義雄のエッセイに「薪は何度も温めてくれる。樹を伐って汗をかき、薪割りでも汗をかき、ストーブで暖まり、家族が集い心も温かくなる」。

ヘンリー・デイビッド・ソローの著書「ウォールデン　森の生活」にも同じ言葉が出てきます。樹を伐って薪を割る対価としてやがて訪れる至福の時間。この言葉を胸に頑張れた気がします。

私にも感動する体験がありました。真夏の夜、薪棚から時折「ピチッ！ピチ・ピチッ！」とはじける音が聞こえてくるのです。どうやら乾燥で繊維が割れる音。薪たちもエイジングを重ね、やがて来る薪焚きシーズンには至福の時間が訪れることでしょう。

## 乾燥促進システムを構築しよう

前項で薪の乾燥はとても大事だと述べてきました。そう、乾燥させる環境（保管場所）も乾燥状態を維持するためにはとても大事です。

筆者は薪ストーバーになった40年前、薪を住宅の軒下に積み上げました。とにかく陽があたれば早く乾くと思っていました。見様見真似でしたが一応は乾きました。しかし、今考えると問題だらけでした。

その頃は薪が乾燥する仕組みが理解できていないので、乾燥時の収縮で陽の当たるところだけが早く乾き、薪棚が傾いて倒れたり、地面との隙間が少なく上と下でも乾燥状態に大きな差が出たり……。

では、薪の乾燥を促進させるにはどうすればよいのでしょうか。前項の繊維飽和点と平衡含水率の理解は重要です。そしてやはり太陽の光と風です。洗濯物を干すとき、陽が当たると良く乾きます。でも風がある日もよく乾きます。それは濡れたものの周辺空間は他の空間より湿度が高いのは御理解いただけるはずです。その湿度は空気の移動で広い空間に拡散し、乾燥を促進させます。

また、当時は薪棚が良い場所に設置されているのをあまり見たことがありません。今では立派な薪棚やディスプレー的に見せる積み方も見るようになりましたが、その頃は目立たない陽の当たらないところが多かった印象です。

薪の保管場所は、陽が良く当たって風通しの良いところがベストです。そして地面からの湿気を防ぐ工夫と雨が当たりにくい屋根付きの薪棚が良いと思います。

さらに積み方の工夫もあります。積み方で一番隙間が多いのは井桁積みではないかと思います。筆者の友人にも全量井桁積みをしている方がいますが、これはとても根気がいる積み方です。しかし現実的に考えるなら、薪間の隙間を多くして二年二夏じっくり乾燥させる方が効率的だと考えます。

この積み方を俵積みと言います。薪は割り肌を上向けに規則正しくまるで俵を積むように積み上げていきます。筆者は実験的に家族には何も伝えずランダムに積んでもらった薪棚と、俵積みを意識して積んだ棚の空隙率を比較してみました。ランダムに積んだ薪たちはところどころ割り肌の重なりが目立ちましたが、規則正しい俵積みは均等に空間が空きます。結果、棚の隙間率に明らかな差が出ました。スペース的にどうしても壁積みする場合は、壁との間に隙間を作りましょう。

# 9 薪の置き方と焚きつけの置き方

十分に乾燥した薪を使って焚く場合、その薪の置き方や焚きつけの置き方で燃焼が変わることを知っていましたか。

給気レバーを使わずとも薪の置き方だけで火力が調整できる。

## 薪の置き方で火力調整をする

**上下に蜜着させる**

表面積が最も少なく乾いた薪なら長く燃え続ける。巡行運転でゆっくり長く燃やしたいときや就寝時に試したい。

**上下にクロスさせる**

ランダム投入に比べて比較的ゆっくり燃える。寒さが厳しい時やもう少し暖かく調整したいときに試したい。

**二の字にして密着させる**

熾火があれば、その上昇気流が隙間に入り一番早くよく燃える積み方。左の積み方と併せて燃焼をコントロールして楽しんでいただきたい。

QRコードから入手可能。

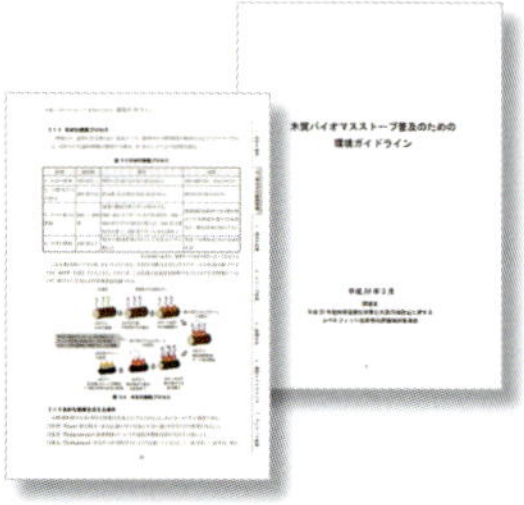

木質バイオマスストーブ普及のための環境ガイドライン。専門的な内容だが、薪ストーブユーザーにもとても勉強になる。

## 焚きつけの組み方二種

**三角形に組む**

井桁より少ない焚きつけで立ち上がりが早く煙も少ない。余った焚きつけを側面から合掌に組むこともできる。

**井桁に組む**

一番多くの焚きつけを使うが立ち上がりは早く煙も少ない。火力も強くなるので本燃焼までが早い。

## よく乾いている薪を使うことが大前提

暑い夏が過ぎ、晩秋の朝夕で気温が10度を下回るころ、そろそろ薪ストーブの準備です。二年二夏を過ごした薪たちは、きっと薪ストーバーが喜ぶ乾燥状態になっていることでしょう。乾いた薪を屋内やストックヤードに運び込むとカランコロンと乾いた音がします。ベテランの薪ストーバーはこの音だけで乾燥度合いを推し測るものです。

さて、薪ストーブは煙突からの自然排気とその力を利用した自然吸気で燃えます。炉内で着火剤に点火しますと暖かい空気が煙突内の上昇気流を促進します。その上昇気流（排気量）に合わせて吸気量をコントロールして安定した燃焼が行われます。

日本の薪ストーブ黎明の頃、薪ストーバーは「新聞紙半分で着火できる」や「みかんの皮を乾燥して着火剤にする」等の自慢話が多くありました。また、チェンソー仕事や大工仕事で出た大鋸粉（おが粉）に石油をしみ込ませて着火剤にする方もいました。しかし、そのような話は過去のこと、今はすべてが環境にやさしくなければなりません。

日本でも「木質バイオマスストーブ普及のための環境ガイドライン 平成24年3月環境省・平成23年度地球温暖化対策と大気汚染防止に資するコベネット技術等の評価検討委員会」として、薪を焚く場合や薪ストーブ燃焼の注意点などを詳しくまとめたものが出されています。薪ストーブに関わる関係者や自治体関係者・普及活動する市民団体などには一読の価値があります。小さな話ですが、将来に向かっては、みかんの皮やコーヒー滓も低温で燃えれば窒素酸化物：NＯｘが出ることを知らねばなりません。

すでに欧州では着火剤においても自然素材や環境にやさしい着火剤を使うことが当たり前の時代になっています。もちろん薪割りで出た薄い端材や細い端材もしっかり乾燥すれば着火剤です。

暖かで環境にやさしい焚き方を目指すうえで一番大事なことは〝よく乾いている〟ことです。よく乾いた薪を高い温度でしっかり燃やせば空気量を絞ることができ、たくさんの熾火が残り、排煙総量を格段に少なくでき、煙と臭いもほとんど出ません。

そうした視点で考え出されたのが上面着火です。上に置いた少ない焚きつけが燃えだせば、その熱はじんわり下に広がり煙は極端に少なくなります。この方法には薪ストーブ販売店の着火説明や個人でもそれぞれの工夫がありますが、今では多くが上面着火の範囲内で工夫されています。

巡行運転でゆっくり燃やしたい場合は薪の交差角度でも調整できます。薪を何気なく投入するのではなく、火力を上げたいときは太い薪ばかりではなく、薪の太さに変化をつけて交差させることです。逆にゆっくり燃やすときは交差角度を小さくするか薪をぴったりくっつけて燃やすことです。薪の投入方法でも火力調整ができることをぜひ習得してください。

# 10 煙はいつ発生しやすいか？ その対処法は？

本燃焼になると燃焼室内に煙は見えなくなりますが、さて、燃焼中も煙が出ていることをご存じですか。

薪ストーブからの煙を100%抑えるのは現在の技術では不可能。ただ、気にならない程度に抑えることは誰にでもできる。ユーザー誰もが「乾いた薪」を使うようにするべきだと筆者は考える。

中央の薪が炭化して燃焼を始めた数十分後、炎が落ちて熾火になる前後に煙や臭いが発生する。現状でこれを避けるには24時間焚き続けなければならず、現実的ではない。

人間の手によるコントロールだと、誤差が出てしまい、その誤差が不完全燃焼へと繋がりがち。その欠点を克服したのが最新型のマイコン搭載の薪ストーブ。

プリミティブな一次燃焼タイプの薪ストーブながら、燃焼室の温度を1000度近くに上げることができれば可燃物を燃やし尽くせる。ただし、鉄製の薪ストーブでは1000度にまで高温にすることは不可能。

乾燥した薪をタイムリーにくべれば暖かさだけでなく家族との楽しい会話も弾む（写真は筆者）。

## 年々煙の少ない薪ストーブがデビューしている

筆者の講習会でよく薪の投入時期はどのタイミングが良いのかと言う質問が出ます。トップシーズンの寒い時と焚き始めや春先の終盤では求める温度が違う以上タイミングもバラバラです。薪を投入するということは熱くなった炉に常温もしくはさらに冷え切った薪を入れるわけですから、まるで熱湯の入ったマグカップに氷を入れるようなもの。炉内の温度は急激に下がります。

また、空気を絞った炉内に投入すれば、ガス化した成分が燃えきるだけの空気が存在しません。特に２０２０年以降の米国製や２０２２年以降の欧州製の薪ストーブでは、給排気量の設計がかなりシビアになっていますので、丁寧にドアを開けなければ室内に排気が漏れ出てしまうことがあります。この厳密なエアーマネジメントは、環境に優しくすることを念頭に設計されているため、このシステム自体には問題はありません。最新機種マニュアルでは、何gの薪をどのタイミングで投入せよと書かれているものもありますので、それに沿って薪を焚きましょう。

ベテラン・中堅の薪ストーバーであれば、それ以前の薪ストーブを使用されていると思います。その場合は、給排気にゆとりがあるため、給気口を適宜開けて可燃ガスの発生量に見合った空気を送り込むようにして煙の発生を抑えましょう。

しかし、それだけでは問題は解決しません。じつは炎が消えるタイミングにも気をつけなければならないようです。一般社団法人日本暖炉ストーブ協会（ＪＦＳＡ）の実験によると、着火時や薪をくべ足すときだけでなく、熾火になる前後（炎が消えるあたり）にも煙や臭いが発生することがわかっています。たとえシーズン中でも24時間炎を出し続けることは出来ないので、どうしても熾火になる瞬間は訪れます。この原理はロウソクの火が消えた瞬間に煙が上がるのと似ているかも知れません。煙は確認できなくても、臭いは確実に出ています。

これがもし含水率の多い薪なら、なおさら気化熱が炉内温度を急激に下げます。良く乾いた薪と湿った薪を一緒に投入すれば燃えると言う話も聞きますが、やってはいけない行為です。

最近は内部が耐火物仕様や石材仕様になった薪ストーブが多くなりました。薪と薪、熾火と薪の熱干渉で燃焼させるだけでなく、薪や熾火と炉壁の耐火物や石材との間でも輻射熱反射を利用して、燃焼温度をより高くする設計であると理解しています。薪という燃料で低温からガス化燃焼が始まる以上、燃焼に必要な空気はしっかり送り込むことが大切です。

筆者は、常々薪ストーブが生活文化の領域になることを願い活動しています。薪ストーブは手間のかかる暖房器具であると理解し、それぞれの機種の特徴を学び、適温・適量・適時の取り扱いをすることが求められます。

やはり、薪に求められることは〝乾燥〟それ以外にはないようです。

# 薪づくり道具

薪ストーブ生活こだわりの逸品 第20回

## Wood-splitting Tools & Accessories

Text＝Sakura Editorial Studio

### 気分が上がる薪づくり用品で重労働な作業をもっと楽しく！

薪を購入せず、自力でつくることにこだわる
薪ストーブユーザーにとって
冬の伐採、玉切りを経て、春の雨ざらし期に向け
薪割り作業もそろそろ終わりに近づくタイミング。
とはいえ、薪ストーブの素晴らしさを享受する以上、
薪づくりは毎シーズン繰り返され、終わることはない。
そこでベテラン薪割りストから
薪づくりに挑戦してみたい初心者まで
重労働な作業にも重宝しそうな道具や
ちょっと使ってみたくなるアイテムを紹介。

Tester=Kawata Hiroshi　Photo=TAKIZAWA Shinji

# 薪づくり道具

Wood-splitting Tools & Accessories

## 薪を割る

### 斧・鉈

薪の長さに拘わらず、太さは大・中・小と3種類を用意して、状況に応じて使い分けたい。薪割り作業でも玉切りされた丸太を割っていくなら大型の斧、小割り薪（焚きつけ）づくりや薪に残った筋切りをするのなら、片手で持てる手斧や鉈、ナイフが重宝する。斧を使うことなく、ハンマーで力を入れずに小割り薪にカットできる便利な道具もある。

**グレンスフォシュ・ブルーク**
**ワイルドライフ**

刃渡り8cm、柄長34.5cm。美しいフォルムのスウェーデン製片手斧。手にしっくりとなじみ、握りやすいので、焚きつけづくりはもちろん、キャンプなどアウトドアシーンでも活躍する。24,000円（ファイヤーサイド）

**ハスクバーナ**
**薪割り斧**

1689年に創業したハスクバーナの木製ハンドル付き手鍛造斧。長さ75cm、刃の重さ1.5kg。柄には米国産ヒッコリー材を使い、職人によるハンドメイドで鍛造されたブレードは、スウェーデン鉄鋼製。13,530円（ハスクバーナ・ゼノア）

**PLOW**
**薪割り斧 WAONO1500 SPEED AXE**

刃の重さ1.55kg、柄長77.5cm。グラスファイバーによる高い耐久性と軽量化を実現。ブレードはカーボンスチール製。軽いのでコントロールしやすく、スピーディーに振り下ろせる。5,480円（ホンダウォーク）

**バリオ2000**
**VR-5スカンジナビアンスプリッティングアックス**

ドイツ・ヘルコ社の薪割り用斧。刃の重さ1.6kg、柄長75cm。ネジ留めによるブレード固定方法を採用し、刃の緩みの問題を解消。柄の交換も簡単に行える。20,790円（ダッチウエストジャパン）

**ファイヤーサイド**
**キンドリングクラッカー キング**

薪をセットして上からハンマーで軽く叩くことで薪が割れ、焚きつけづくりを素早く行える。刃の部分に手が入らないので、安全に作業できる。力に自信のない方でも扱いやすい。24,200円（ファイヤーサイド）

**土佐打刃物**
**瑞鋒T-105**

伝統工芸士の鍛冶師が自由鍛造の手作業で仕上げた腰鉈。両刃で利き手を選ばず、切れ味が鋭い。切る・割る・裂くと用途は広く、薪割りはもちろん、枝払いなど野外作業で幅広く使える。22,550円（ダッチウエストジャパン）

## 薪を運ぶ

### リフティングトング、ログキャリー

玉切りした丸太や割った薪を動かすために、薪をはさんで運搬できるリフティングトングや引っかけて手繰り寄せるログピックなどがあると便利。薪棚からストーブのある室内へ日常使いで少量の薪を運ぶなら丈夫なバッグタイプのログキャリーの出番だ。大量の薪を一度に運搬するなら、野外作業用の車輪付きのカートがあると楽に運べる。薪の重量に耐えられる製品を選びたい。

**PLOW**
**リフティングトング LH270**

丸太をしっかりつかんで持ち上げられる薪用リフティングトング。腰を曲げずに済むので、運搬作業の疲労も軽減される。グリップは滑りにくいハンドル形状。トングを広げた最大幅は27㎝。3,850円（ホンダウォーク）

**オークリーフ**
**ログラック&ログキャリー**

合皮を使用した丈夫なログキャリーは、幅37cm×高さ41cm×奥行き41.5cmで薪をたっぷりと運べる。そのままログラックにセットできるので、薪の移し替えをしなくて済む。20,790円（ダッチウエストジャパン）

**PLOW**
**帆布製 薪バッグ**
**WBG40**

直径10cm程度の薪を約10本入れられるトートバッグタイプのログキャリー。丈夫な帆布生地で、使うほどに風合いを増していく。色はブラウンとカーキ2色から選べる。2,480円（ホンダウォーク）

## 汚れや危険から身を守る

### エプロン、帽子、安全靴、安全メガネ、手袋

薪割り作業は汚れるし、刃物を使うので安全には気を使う。斧を使う薪割りでは、丈夫なアウトドア用のエプロン、手を保護する手袋、木くずなどが飛び散って目に入ることを防ぐ安全メガネ、日差しを防ぎ、頭の汚れを防ぐ帽子、薪が崩れた場合に足元を守るための安全靴などは揃えておきたい。チェンソーや薪割機など、さらに危険を伴う作業の場合は、防護用の装備が必要になる。

NANGA×47
AURORA TEX CAP

NANGAがアメリカ4大スポーツ公認の47(フォーティーセブン)とコラボしたスペシャルモデルのキャップ。表地に防水・透湿性に優れたNANGA独自のオーロラテックス®を使用。写真のカラーはCOYOTE。5,500円(ナンガ)

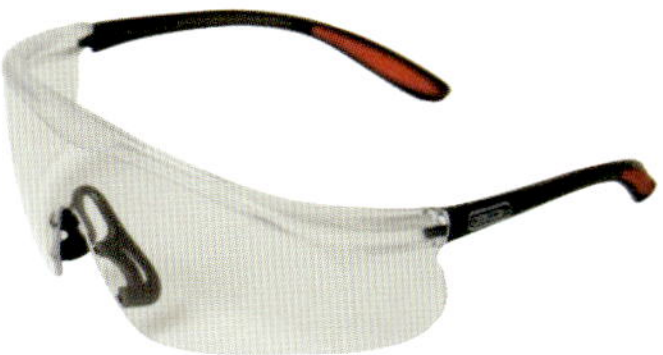

OREGON
セーフティグラス

割れた薪の破片や飛び石などの飛散物から目を保護すると同時に、UVフィルターで有害な紫外線から目を守ってくれる。顔にフィットし、かけ心地も快適。写真はクリアグラス。他にイエロー、ブラックがある。2,145円(新宮商行)

サムライレジェンド
ゼノンII　セミクリア

CE EN-166F(欧州規格合格品)に適合。セミクリアレンズは目を紫外線からしっかり保護しながら、可視光線も十分に通過するので、屋外・屋内、晴天・曇天など幅広い環境下で利用できる。24gと軽量で、柔らかく大き目のノーズパッドで装着も快適。2,200円(ハリマ興産)

GRIP-SWANY
グローブG1

スーパー繊維のひとつケブラー®・アラミド繊維を縫い糸に、本体はクロムなめしの牛革を使用し、使っていくうちに手になじんでくる。薪割りはもちろん、さまざまなアウトドアシーンで活躍する。サイズはS・M・L・XL。イエロー。7,700円(スワニー販売)

New balance
PORTLAND

人気のスニーカーブランド、ニューバランスの安全靴。足先を保護してくれるワイドな樹脂製の先芯が搭載され、安全を確保する。JASSの先芯部の耐衝撃、耐圧迫性能試験をクリア。サイズは24.5～28、29、30㎝(男性用)、22.5～28、29、30㎝(ユニセックス)。カラーは5色。13,200円(ドンケル) ※火の近くでの使用は避けてください。

ハスクバーナ
プロテクティブレザーブーツ
クラシック20

軽量ながら足をしっかりと保護、チェンソー作業などにも使えるブーツ。フロントとヒールを強化し耐摩耗性が高く、足首と足の安定性にも優れる。フロントベロのパッドには、鋼鉄製トゥキャップと取り外して洗える中敷きが付く。29,260円(ハスクバーナ・ゼノア)

HINOC RIPSTOP
UT APRON

薪割り時の飛散物や焚き火の火の粉から身を守る、ヒノックリップストップを生地に用いたエプロン。ウエストポケットに物を入れても突っ張らず動きに干渉しにくい設計に。ペン差しにループ、ツールポケットと収納が充実。写真のカラーはMOC。13,200円(ナンガ)

新宮商行　☎047-361-4701　✉https://oregon-tool.jp/contact/
https://oregon-tool.jp/
スワニー販売　https://grip-swany.co.jp/
ダッチウエストジャパン　☎0155-24-6085
✉info@dutchwest.co.jp　https://www.dutchwest.co.jp/
ドンケル　☎048-990-1500
https://www.donkel.co.jp/nbps/index.html
ナンガ　☎0749-55-1016　https://nanga.jp/
ハスクバーナ・ゼノア　https://www.husqvarna.com/jp/
ハリマ興産　☎0794-66-5070　✉info@harima-kousan.co.jp
https://www.harima-kousan.co.jp/
ファイヤーサイド　https://www.firesidestove.com
ホンダウォーク(PLOW)　☎025-530-6025　https://ec.plow-power.com/
＊価格はすべて税込です。

## 普通車での薪運び

薪割りの現場から大量の薪を自宅や別荘に運ぶ際、荷台がある軽トラを使うのが理想的。乗用車で薪を運ぶと、薪で車内を傷つける恐れがあり、汚れも気になる。乗用車を使う場合は、ホームセンターなどで購入できるプラダン(プラスチック段ボール)を活用したい。トランクの形状に合わせてカットしたプラダンをトランクの床と側面に敷き、そこに養生シートを重ね、その上に薪を崩れないように積みこむ。さらに養生シートを被せることで車体の保護と汚れをある程度避けることができるはずだ。

1981年登場のハースストーン-IIはIを上回る成功を収めた。これによりソープストーンと薪ストーブの相性の良さをアメリカ国民は認識することになる。このモデルは後のヘリテイジの原型となったが、すでに左サイドにはローディングドアが設けられている。だが、当時のモデルは一次燃焼タイプで、クリーンバーン二次燃焼モデルが登場するのは1993年デビューのフェニックスまで待たねばならなかった。そして、2018年のキャッスルトン・ハイブリッドの登場により、クリーンバーンと触媒を併せ持つトゥルーハイブリッド時代の幕開けとなった。

# Made from soapstone

ソープストーン製の薪ストーブは、
一つとして同じ表情のものはない。
鉄製薪ストーブでは不可能なこと。
それは一台ごとに職人が手作業によって
仕上げているからでもある。

ソープストーン石切り場に置かれた巨大な石塊。世界でもソープストーンが採取できる国は少なく、中国、インド、アメリカ、フィンランドなどが主な産出国となっている。

# ハースストーンがもたらした世界に一台の個性

ハースストーンの創業者と当時のメンバー。この中の一人は今でも技術担当として働いている（左から4番目）。

鋳鉄と石を組み合わせて作られた同社の薪ストーブは職人が携わる工程が多く、彼らは誇りを持って一台一台にサインを彫り込んでいる。

社内のテストラボ：EPA認定ラボで行われる最終テストの前に、それぞれの機種がテストでどのように機能するかを私たちは正確に把握している。研究所の新設に50万ドルを費やした（2020認定NSPSステップ2薪ストーブの開発と試験を行うためのEPAテスト施設3つを含む）。また、5人のエンジニアとエンジニアリングマネージャーが、社内においてEPAテストを行っている。

### クリーンバーン燃焼

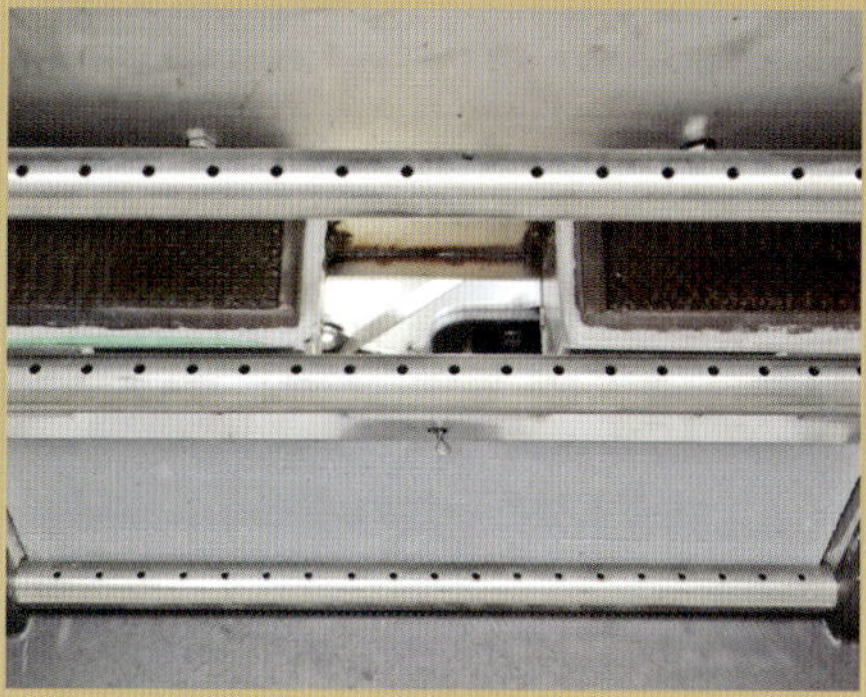

＋

### 触媒燃焼

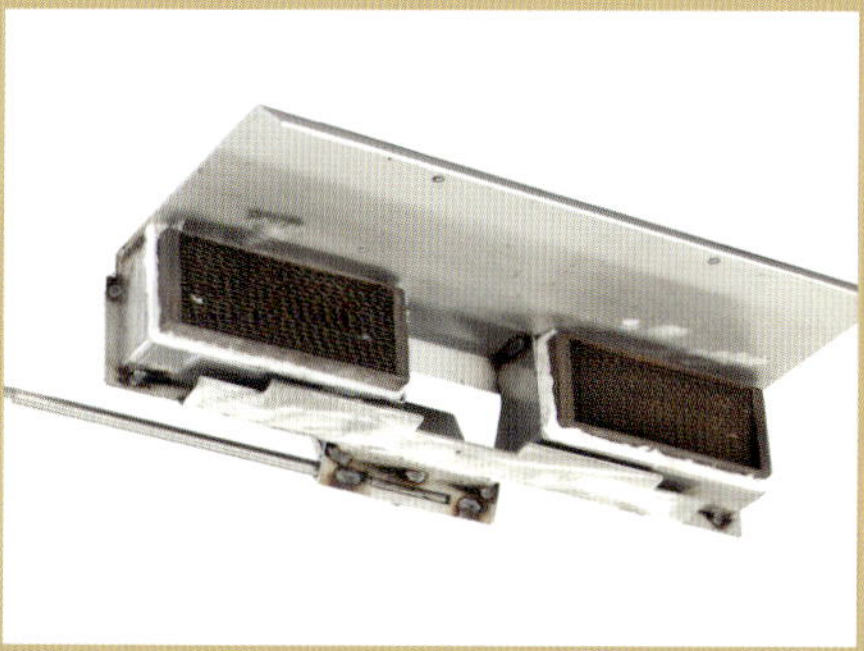

上：ステンレスチューブの孔からクリーンバーンエアーが常に吹き出している。下：左右の触媒の間にバイパスがあって、クリーンバーンモード時にはここを通って煙突へ排気され、触媒モード時はこの穴が塞がれて触媒を通って煙突へ排気される。

### TruHybridの仕組み

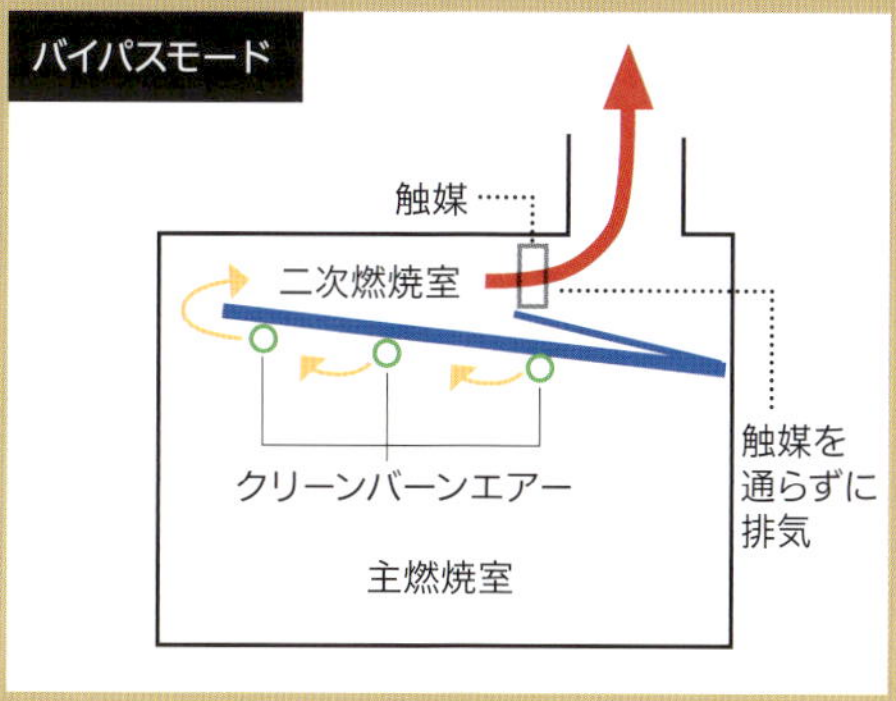


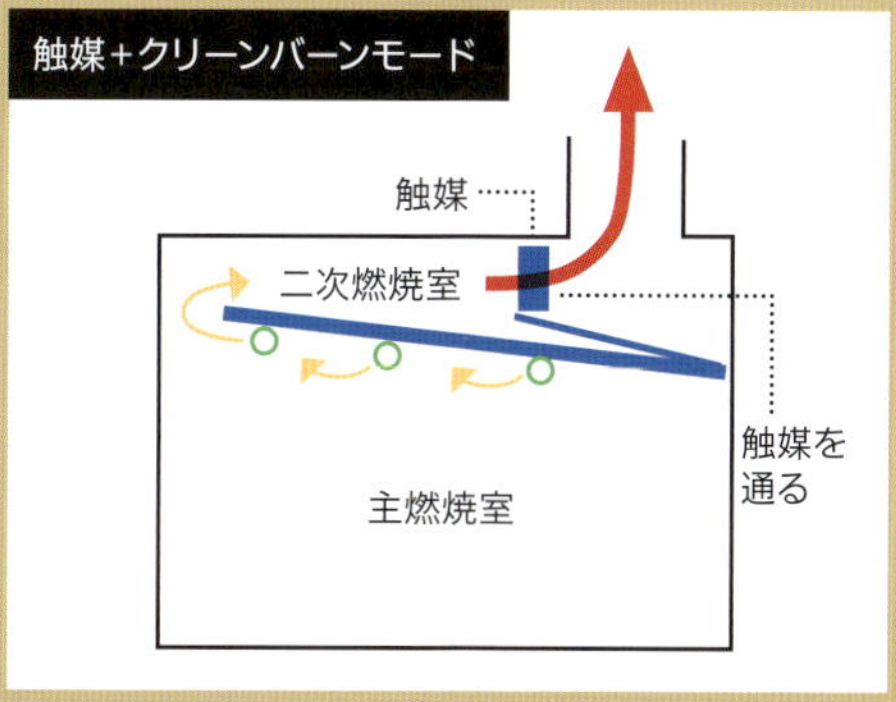


炉内のクリーンバーンエアーは、低温燃焼時でも開いていて、常に再燃焼を促している。

# ハースストーンの歴史はソープストーンと共に

ソープストーンと鋳鉄のコンビネーション。
ハースストーンの試みは見事に的中し、
ハースストーンはソープストーン薪ストーブの代名詞となった。

ハースストーン社の記念すべき第1号モデル「ハースストーン-I」。

今日のヘリテイジの原型となる第2号モデル「ハースストーン-II」。

「アルジノン」は薪とガスを組み合わせた最初のストーブだった。

「ハースストーン-III」は業界初の電子制御式薪ストーブとなった。

**鋳鉄製薪ストーブにもソープストーンを採用**

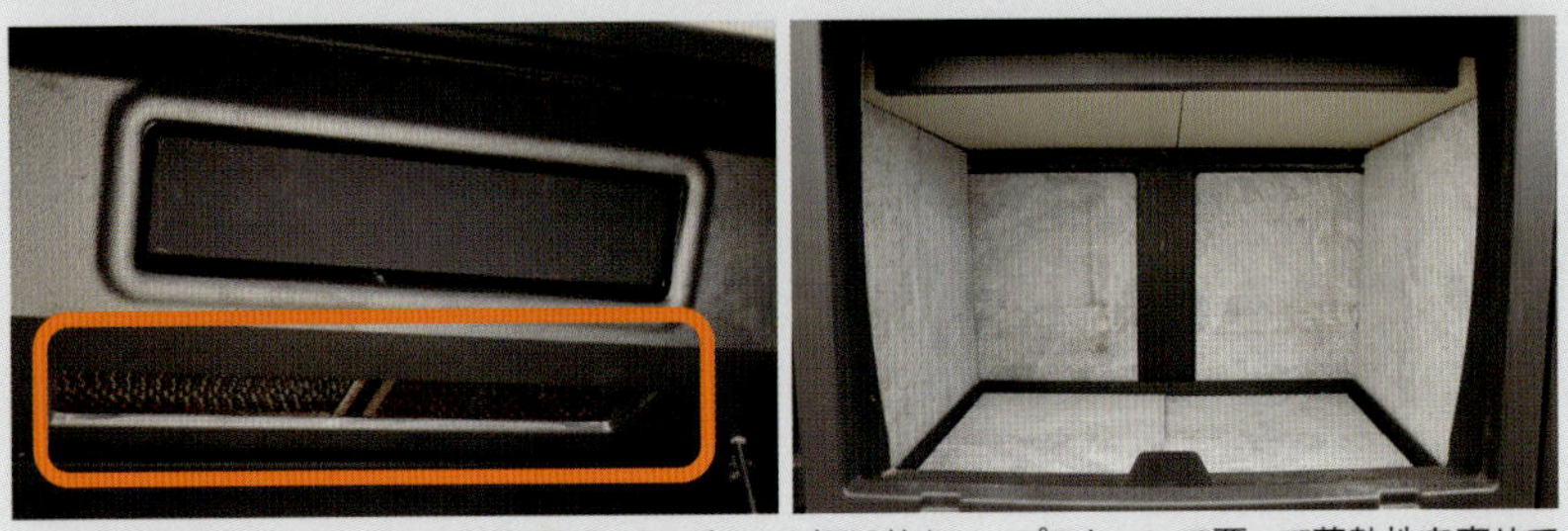

グリーンマウンテン・シリーズの燃焼室。右：バッフル板以外をソープストーンで覆って蓄熱性を高めている。左：最新のハイブリッドを採用し、クリーンバーンと触媒の併用で最大限に排気煙量を抑えている。

## 炉辺にはハースストーンがあるべき

時は1797年、アメリカ東部バーモント州でのこと。ベンジャミン・フランクリンが鉄製の箱形薪ストーブを発明した55年後、ソープストーンという石材を使用した薪ストーブが造られた。ソープストーンは、石鹸やグリースのように柔らかい感触があり、青緑がかった灰色の天然石。加工がしやすいためネイティブ・アメリカンたちが生活用品の素材として使ってきた。

ソープストーンには、熱や酸、電気の絶縁性に対しても強く、そのうえ蓄熱性と放熱性は鉄よりも優れていたため、マントルピースや炉石などに使われることが多かった。そんなソープストーンで作られた薪ストーブは「莫大な量の暖かさを放つ素晴らしい贈り物」としてアメリカ国民に受け入れられた。

その歴史を受け継ぐのが1978年バーモント州モリスビルに創業したハースストーン社だった。創業者はアラン・シュート氏とピーター・ヴォン・コンタ氏。ハースストーン（Hearthstone）とは炉辺の中心にある石にちなんで付けられた暖かみのある会社名である。「平均的な家庭の予算で平均的な家庭に似合う薪ストーブ」をコンセプトにソープストーン製の第1号機ハースストーン-Iをリリース。その後に発売したハースストーン-IIは、多くのユーザーに認められて前モデルを上回る成功を収めた。同モデルは現在も主力製品となっているヘリテイジの前身である。次にリリースしたハースストーン-IIIは小さいながらも厳か

# ハースストーンがもたらした世界に一台の個性

バーモント州モリスビルにあるハースストーン社本社兼工場。

1980年代後半には、ハースストーンは薪ストーブとガスストーブの技術革新における業界のリーダー的地位を確立した。

スペインのサンタンデールにある親会社ヘルゴン社全景。

全ての製品は、数十年受け継がれてきたバーモント州の職人技を駆使し、手作業によって作られている。

図　快適なヒートライフ

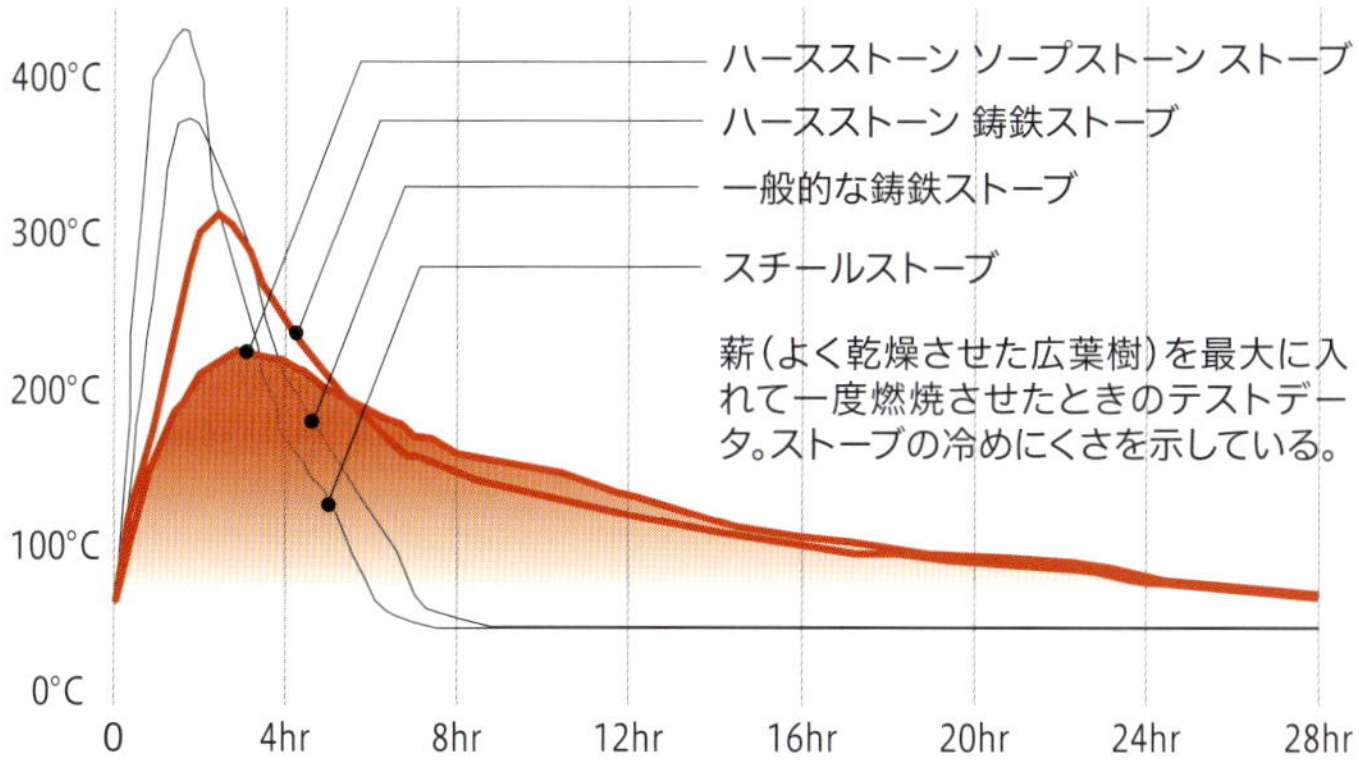


トゥルーハイブリッドシステムにる高効率＋長時間燃焼は、驚くほど長い時間、快適な室温を保つ。

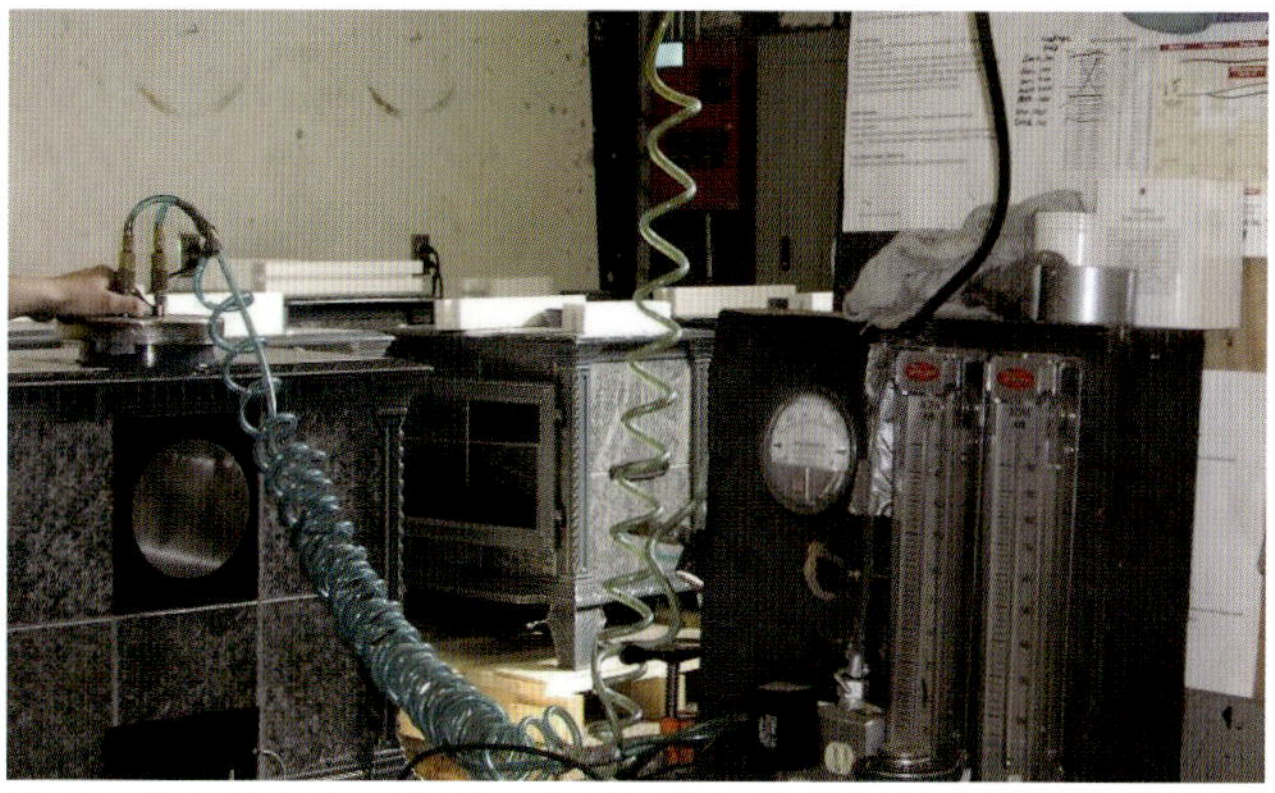

薪ストーブもガスストーブも箱詰めされる前に必ずリークテストが行われ、正常に機能することが確認される。

でクラシカルな外観と壁掛けサーモスタットを備えた業界初の電子制御薪ストーブだった。

しかし１９８８年、アメリカ環境保護庁（ＥＰＡ）による薪ストーブの排気煙規制と他の安価な燃料によって、同社は財政難に苦しむこととなった。その時に作られたのがハーベストという触媒式薪ストーブ。唯一のＥＰＡ認証を得たもの の、１つの認証モデルだけでは十分ではなく、その操作も複雑なことから、マーケット的には失敗であった。

翌１９８９年１月、ハースストーン社は当時債権者であったスペインの企業Industries Hergomに買収されることとなった。大手鋳鉄工場を持つヘルゴンによって鋳鉄の供給を受けることで、安定した経営と新しいモデルの研究開発が可能となった同社。

31年後の２０２０年、アメリカではさらなる厳しい排気ガス規制が施行された。同社はこれまでのクリーンバーン再燃焼にプラスして触媒を併用するハイブリッド再燃焼装置（TruHybrid）の搭載を全モデルで展開した。これは着火時から二次燃焼給気によって未燃ガスに働きかけ、本燃焼に移ったらキャタリストコントロールハンドルをオン。触媒経由の排気ガスはさらに微少なＰＭまでも燃やし尽くす究極の薪ストーブ燃焼システムである。

そして同社では、時代を見据えて高気密・高断熱住宅に対応し、リンカーンとＧＭ20（日本未発売）という高性能小型薪ストーブをリリース。ソープストーンと鋳鉄の２つのラインナップで、北米の薪ストーブシーンを牽引している。

# 私たちは環境に優しい薪ストーブを造り続けています

ハースストーン社CEOジョー・バーンズ氏から弊誌読者へメッセージが届きました。

ジョー・バーンズ
ハースストーン社CEO。2021年に副社長としてハースストーンに加わり、2022年に社長に就任。ハース業界でのキャリアは25年以上、またHPBA取締役会のメンバーを5年間、そのうち1年は取締役会会長を務めた。

Made from soapstone

## ハースストーンがもたらした世界に一台の個性

アメリカ製薪ストーブとしてはかなりコンパクトなリンカーン。燃焼室上部に触媒を搭載し、クリーンバーンとともにクリーンな排気を実現。

ハースストーンは40年以上にわたり、アメリカ、ヨーロッパ、日本、オーストラリアなど世界中の家庭に暖かさと美しさをもたらすことに専念してきました。薪ストーブ市場のリーダーとしての当社の評判は、昔ながらの職人技と革新的な技術を組み合わせるという当社の揺るぎない取り組みから生まれています。当社のストーブは優れた効率性を提供するだけでなく、どの家庭でも魅力的な焦点となります。

### クラフツマンシップとパフォーマンス

ハースストーンは、高品質の鋳鉄とソープストーンを使用してストーブを製造してきた長い伝統により、アメリカのストーブ市場で際立った存在です。このユニークな組み合わせにより、当社のストーブはより長い燃焼時間と快適な輻射熱を提供し、居心地の良い雰囲気を作り出します。ソープストーンの優れた蓄熱性により、1回の薪の投入で12～30時間空間を暖めることができます。

### 環境への取り組み

環境の持続可能性への取り組みは、当社の使命の最前線にあります。革新的なTrueHybridテクノロジーにより、当社のストーブは米国環境保護庁が定める厳しい基準を上回る、極めてクリーンな燃焼を実現します。これにより、排出量が削減されるだけでなく、家を暖めるために使用する木材の量が減り、直接的にコストを節約できます。

### あらゆる家庭に合うさまざまなスタイル

ハースストーンでは、すべての家庭に独自の特徴があることを認識し、あ

リンカーンの設置イメージは、例えばこのような山荘風のワンルームに似合う。日本の住宅にも適度なサイズといえる。

らゆるインテリアに違和感なく収まる多様なストーブスタイルを提供しています。

伝統的なストーブのクラシックな優雅さ、スタイリッシュで洗練されたモダンなデザイン、またはソープストーンモデルに見られる時代を超越した永続的な美しさなど、ハースストーンから醸し出されるストーブはお客様の好みにぴったり合うはずです。そして、さまざまなサイズが用意されているため、家を効率的かつ快適に暖める理想的なストーブ選びがこれまでになく容易になりました。

## イノベーションで業界をリード

ハースストーンはイノベーションと品質を絶えず追求し、薪ストーブ業界のリーダーとして認められています。実際に、当社は北米のどのブランドよりも多くの米国環境保護庁認定のストーブを抱えていることに誇りを持って提供しており、すべてのストーブが優れた効率で動作することを保証しています。

## リンカーンについて

リンカーンは、シンプルさと使いやすさを重視する人のために設計されました。伝統的な「薪ストーブ」設計により、標準的な16インチの長さの薪を簡単に入れることができ、小規模な住宅やコテージ、または信頼性の高い暖房ソリューションを求める人にとって最適な選択肢となっています。

リンカーンの主な目標の1つは、技術的な経験が限られているお客様でも、メンテナンスが非常に簡単に行えるようにすることでした。そのため、日常的なメンテナンスをご自分で行うことを好む遠隔地に住む人々にも最適だと思います。リンカーンの思慮深く設計された機能により、触媒などの主要コンポーネントに簡単にアクセスでき、簡単にクリーニングや交換を行うことができます。

## GM20ストーブの紹介

グリーンマウンテンラインにGM20ストーブが加わったことをお知らせします。リンカーンと同様の寸法のこのモデルは、鋳鉄製の外装とソープストーンの裏地が特徴です。GM20はリンカーンと同じ優れた特性を備え、クラシックなデザインにモダンなひねりを加えています。

＊＊＊

居住空間を充実させたい場合でも、信頼性の高い暖房ソリューションをお探しの場合でも、ハースストーンのストーブシリーズをぜひご覧ください。ハースストーンのストーブがご自宅にもたらす暖かさと美しさをぜひご体験ください。

# 歴代ハースストーン薪ストーブ一覧

ソープストーンのシリーズは初代から受け継ぐスクエアのフォルムを堅持。それは今見ても新鮮に映る。

**ハーベスト 8401/8402**

ハーストーン社唯一の触媒式EPA認証薪ストーブ。操作が複雑なのが難点。製造期間：1988～1995年（二次燃焼触媒機）

**Hearthstone–III**

壁掛けサーモスタットを備えた業界初の電子制御薪ストーブ。製造期間：1984～1990年

**Hearthstone–II**

マジョリカブラウン・エナメル仕様は世界初。ヘリテイジの原型。製造期間：1981～1988年

**Hearthstone–I**

記念すべき第一号機。ドアは観音開きだった。製造期間：1978～1988年

**スターレット8550**

前面に対流熱を発生させる吹き出し口を持つユニークな薪ストーブ。製造期間：1995～2004年（CB）

**フェニックス 8610/8011/8612**

現在でも通用するデザインは、マイナーチェンジを行いながら18年販売。製造期間：1993～1999～2019年（CB）

**アメリカンヘリテイジ 8202**

製造期間：1991～1995年

**Hearthstone–I Fireplace8100**

製造期間：1990～1998年

**シェルバーン8370/8371**

サイドのデザインがエレガントな鋳鉄製ミドルサイズモデル。製造期間：2001～2019年（CB）

**ベニントン8350**

シェルバーンとともに同社初の鋳鉄製薪ストーブ。製造期間：2001～2010年（CB）

**ホームステッド8570**

スリムボディーでシンプルなデザインが特徴。製造期間：2000～2011年（CB）

**マンスフィールド 8010/8011**

イキノックスが発売されるまでの最大モデル。製造期間：1995～2011年（CB）

**クラフツバリー 8390/8391**

鋳鉄製のエントリーモデル。対流熱型暖房方式を採用。製造期間：2006～2019年（CB）

**トリビュート8040**

ヘリテイジをコンパクトにした当時のソープストーン最小モデル。製造期間：2004～2015年（CB）

**ヘリテイジ8021**

人気機種8020をシンプルデザインに変更したマイナーチェンジモデル。製造期間：2003～2013年（CB）

**ヘリテイジ8020**

同社のスタンダードモデルで現在のハイブリッドの原型。製造期間：1997～2003年（CB）

# ハースストーンがもたらした世界に一台の個性

Made from soapstone

**キャッスルトン8030**

ヘリテイジより小型の日本でも使い勝手の良いサイズ。製造期間：2013〜2018年

**マンチェスター8360/8361**

鋳鉄製ながら炉内にソープストーンを配置して蓄熱性を高めている。製造期間：2012〜2019年（CB）

**マンスフィールド8012**

8010/8011のデザインを見直して直線基調にしたモデル。製造期間：2012〜2020年（CB）

**イキノックス8000**

最大薪長さ65cmを誇る同社の最大モデルで最高出力は30,240kcal/h。製造期間：2007〜2020年（CB）

**マンスフィールド8013 ハイブリッド**

大型機種マンスフィールドにもハイブリッドが搭載された。製造期間：2022年〜現在

**ヘリテイジ8024 ハイブリッド**

人気機種ヘリテイジの現役のハイブリッドモデル。製造期間：2019年〜現在

**キャッスルトン8031 ハイブリッド**

ハイブリッド初搭載のソープストーンモデル。製造期間：2018年〜現在

**ヘリテイジ8022/8023**

8021のデザインをさらに見直して現代的に変更。製造期間：2014〜2015/2016〜2019年（CB）

**リンカーン8060 ハイブリッド**

高気密化・高断熱化住宅を見据えた最新型のソープストーンモデル。製造期間：2023年〜現在

**グリーンマウンテン 40/60/80**

本国ではさらに小型の20も発表された。製造期間：2020年〜現在

**クラフツバリー8392 ハイブリッド**

製造期間：2020年〜現在

**シェルバーン8372 ハイブリッド**

製造期間：2020年〜現在

**マンチェスター8362 ハイブリッド**

製造期間：2020年〜現在

この3機種によって、すべての鋳鉄モデルのハイブリッド化を完了。

ハースストーン社は生まれながらにして鋳鉄のフレームにソープストーンをはめ込んだ薪ストーブを製造している。第1号機はハースストーン-Ⅰ。その後、デザインを変えながらハースストーン-Ⅲまでハースストーンシリーズを繋いだ。1988年になると二次燃焼に触媒機を搭載したハーベストというモデルをリリース。マーケット的な成功には繋がらなかったものの、2019年にリリースしたハイブリッドモデルの触媒搭載に寄与している。

それまでのハースストーン薪ストーブの歴史の中でユニークだったのは、この一覧表には出ていないが、アルジノンという薪とガスを組み合わせたストーブをリリースしたこと（1987年）。薪の燃焼に加えて背面からガスを吹き出して火力を上げるというユニークな構造だった。

EPA規制によって二次燃焼が必須となった時代、ハースストーン社はクリーンバーン再燃焼を採用して成功を収めた。ところが、2020年、さらにEPA規制が強まることを受けて、クリーンバーンに加えて触媒を併用したハイブリッド（TruHybryd：トゥルーハイブリッド）燃焼を開発し、一時間当たりの排気煙量を0・54g（ヘリテイジ、マンスフィールド）にまで下げることに成功した。

現在は、現行モデルの販売を続けながら、これからの高気密・高断熱化住宅を見据えて、リンカーンやGM20のような、よりコンパクトなモデルの開発を積極的に行っている。

Proud my woodstove

# 忖度いっさいなし！
# 薪ストーブユーザーの本音

early 2025

人が薪ストーブに求めるものは暖かさ。しかし、それだけでは薪ストーブを選ぶ理由にはならない。今号では２つのメーカー「ヨツール」と「トーンヴェルク」の計５ユーザーにご自分の薪ストーブライフを語っていただいた。それぞれのメーカーの特徴が現れており、とても興味深いレポートとなっている。

ヨツール F 3（ノルウェー）

# 低断熱、低気密の住宅でも薪ストーブは暖かい

**東京といっても八王子の山間部には薪ストーブは絶好の暖房器具。古民家に設置した小型薪ストーブでの暖かな冬の生活をレポートいただきました。**

昨年４月に導入。今冬季が初の本格使用となった。

**東京都八王子市　柴田邸**

- 煙突仕様：断熱二重6.2m
- 暖房面積：約45㎡（一階）
- 設置場所：一階ダイニングキッチン
- 平均室内温度：20℃
- メンテナンス：まだメンテナンスを行っていない
- 使用薪：コナラを中心とした広葉樹　焚きつけに建築廃材(針葉樹)、針葉樹間伐材
- 薪の使用量：1.5ｔ
- 薪の調達：自作
- 使用斧：フィスカースX25
- 使用チェンソー：ハスクバーナ246XP

**薪ストーブ設置店データ**

- 設置店：ファイヤーワールド埼玉
- 住所：埼玉県入間郡毛呂山町市場237-1
- TEL：049-294-7324
- web：http://www.fireworld-saitama.com/

設置時のこだわり

天井煙道開口時に、以前リノベーションされた天井が現れ、現在の天井を２段回で貫く難工事となりましたが無事納まりました。

## 薪ストーブライフのために近距離二拠点生活

薪のある生活に憧れるも、本拠地はいわゆる住宅密集地でもあり薪ストーブ導入には幾分ハードルが高い。そこでいま居る生活域からあまり離れない場所でセカンドハウスを探すことに。仕事の関係でたまたま縁があった八王子市の山間部にある古民家を借りることができ、家主さんからも薪ストーブを設置しても大丈夫とのお墨付きをもらい、薪ストーブライフへの準備は整った。

ここで古民家「あるある」なのだが、家主さんが残したままの家具や布団など残地物が部屋の一部を占拠した状態。いくらかは整理したものの、まだ全て終わってはいない。上物については内装だけ手を加えるようにし、古くて多少見栄えも悪くなった床や壁はDIYによるリノベーションを施した。

しかし、すぐに薪ストーブを設置できたわけではなく、石油ストーブ、石油ファンヒーター、それとこたつでひと冬を過ごすことになった。とにかく断熱性能が著しく低いうえに、至る所からすきま風の侵入を許してしまう建具など、昼夜石油ストーブを使用していると、灯油代もバカにならない。昨今の石油価格の高騰も考慮すれば、薪ストーブなしではいられない。

幸いに薪は近隣の山からの現地調達が可能だし、選り好みをしないなら、針葉樹だと容易に入手もできる。たまたま集落の中にはお風呂を薪で焚くお宅もあったりするので、都心部のように薪ストーブに対する拒否反応もほぼ皆無。薪ストーブ導入のための環境は揃っている。

いざ薪ストーブ導入の準備となり、どこに設置するかということになった。

とりあえず薪棚を用意するにあたり、2 x 4 材で 3 台を DIY で製作。少しでも耐久性を持たせたいことから、防腐剤を塗ってある。湿気が多い箇所に設置するため、コンクリートブロックで高床にした。

下屋部分には手前に居間、隣接してダイニングキッチンがあり、薪ストーブはこのダイニングキッチンに設置。もう少し余分に薪をストックできるよう、ウッドデッキ前に増設の薪棚を用意した。

完成した DIY の薪棚。母屋の近くに 1 台。少し離れた場所に 2 台を置いてある。当初は屋根を付けて雨仕舞いをする考えだったが、現在はポリカ波板を被せて紐で縛った状態になっている。

薪ストーブを設置した場所では以前、石油ストーブを置いて使用していた。

軒の出幅が大きいため、特に支障がない場所に限って軒下にも薪をストックしている。また、薪ストーブ設置位置からも近いのが玄関横のこのスペースになる 。

用意する薪のサイズは 35cm で、燃焼室は少し太めの薪 3 本が入るくらい。30cm 未満の薪を南北方向に配置してもよさそうな感じ。

とりあえずリノベーションで床と壁に断熱を施した居間と、引き戸で続き間になるダイニングキッチンが候補場所となる。スペースの関係と薪ストーブ使用時に補助的な調理器具として使うことを考えて、キッチンスペースを設置場所とした。家の一階部分だけでも薪ストーブである程度暖められるなら良いが、それにはもう少し対策を施す必要はありそうな感じだ。

## 石油ストーブ→薪ストーブ QOLが向上

薪ストーブはヨツールF3ブルーブラック。導入当時はすでに廃盤となっていたが、薪ストーブ屋さんにあったストック品を購入した。いわゆるクラシックタイプなので、古民家特有の床や壁の素材と違和感ない佇まいで収まった。使い勝手の面ではストーブトップを有効に使いたい考えがあったので、後方上抜きでの煙突設置を選択した。断熱二重煙突をトップ上から抜くとどうしてもスペースがなくなってしまうことをあらかじめ聞いていた。少々金額が上乗せされたとはいえ、おかげでストーブトップは思い通りに使え、ヤカンを載せてさらに鍋も置ける。

肝心の暖房能力についてだが、快適な室内温度にするまでの時間や持続時間に関しては必要にして十分と思う。欲を言えば、温度の維持のための薪の投入が少し忙しく感ずる。ただ、この件は少し広いうえ断熱性能の低い古民家という条件に加え、朝晩はマイナス温度になる環境なので、それなりに燃焼時間も長くなるなど、薪ストーブの暖房能力に関係していると思われる。設置場所などが許せば、F3より大型の薪ストーブなら燃焼室も大きく、暖房能力も薪の持続時間も少し余裕を持って使用が出来るだろう。筆者の場合、今後も建築部分にもう少し改良を加えていきながら、快適な薪ストーブライフを続けていくつもりだ。

### ヨツール F 3 TD

スモールタイプのヨツールの代表格F3。1980年代のカップボードのデザインをモチーフに設計された魅力的な薪ストーブ。今でも現役で多くのファンに焚かれている。このモデルはすでに廃盤となっているが、限定復刻としてF 3 TD（ブラックペイント）が販売中。アーチ状のドアやガラスに掛かった格子など、日本人の心に琴線に触れるデザインが随所に見られる。

| | |
|---|---|
| サイズ | W580×D490×H710mm |
| 重量 | 106kg |
| 筐体材質 | 鋳鉄 |
| 定格出力 | 6.5ｋW |
| 燃焼効率 | —— |
| 税込価格 | 330,000円（ブラックペイント） |

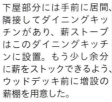

ヨツール F 500（ノルウェー）

# 寒さと湿気を跳ね飛ばすパワー

**首都東京から新潟に移住した守谷さんご夫妻。寒さ厳しい土地での解決策はやはり薪ストーブでした。**

### リフォームの大前提は薪ストーブ中心の家

薪ストーブを入れようと思ったきっかけは、東京から新潟への移住でした。雪国で暮らすなら薪ストーブのある生活をしよう、一度きりの人生だからと夫婦で決めました。

地域おこし協力隊として移住してきて、担当集落に用意していただいた空き家で生活を始め3年間の任期を終えてその家を買い取らせてもらいました。その後、リフォームをする際に薪ストーブを導入することを大前提に話を進めたかったので、まずはファイヤーワールド新潟さんに薪ストーブを見に行きました。そこでリフォームのことを相談すると仲間の建築士さんを紹介してくださり、とんとん拍子に話が進みました。

### ここは寒さが厳しいからパワーフルな薪ストーブを

私たちが使っている薪ストーブはヨツールのF500で、妻と一緒にほぼ一目惚れで決めました。リフォームでは古い一軒家の一階の壁と構造材ではない柱を取り払って大きなワンルームにしました。そのため、それなりにパワーのある薪ストーブが必要だろうと考えていましたが、F500は十分すぎるほどのパフォーマンスを発揮してくれています。

薪の調達は、暮らしている集落に林業関係の会社からいただいています。仕事で発生した剪定木や伐採木をダンプで庭に降ろしていってくれるので、それをチェンソーで玉切りし、薪割機で薪にしています。

スギとマツなどの針葉樹は使わないようにしていて、それ以外の木を持ってきてもらっています。樹種は選べませんが、運んでくれるだけでも大助かりです。むしろ、その会社がなければ薪ストーブを使うのは難しかっただろうと思います。

### 妻のしもやけが解消し薪ストーブ料理を楽しむ毎日

実際に薪ストーブのある生活を始めてみると、その暖かさにあらためて感動しました。1年目の薪づくりにはだ

リビング中央に鎮座するＦ500。センス良い薪ラックが映える。薪などを置くためのスペースとして、あらかじめ炉台が左にオフセットされている。

## 新潟県新発田市・守谷邸

煙突仕様：断熱二重8m
暖房面積：約100㎡
設置場所：LDKのリビング中央壁際
平均室内温度：24℃
メンテナンス：毎年オーナー自身が秋ごろに行い、3年一度専門店（ファイヤーワールド新潟）に依頼
使用薪：広葉樹（ナラ・サクラ・ケヤキ・ニセアカシア等）やスギ
薪の使用量：軽トラック8～10台分（約8～10㎥：4～5t）
薪の調達：原木は近隣からの情報で斧や薪割機で自作
使用斧：グレンフォシュ・ブルークス大型薪割、薪割機PLOW PH-GS13PPOGS
使用チェンソー：スチール MS230C-BE

作業小屋の壁面にびっしりと積まれた薪。通風は少ないものの、雨からは完全に守られている。

守谷さんのご家族は暖房だけでなく料理にもF500の大きな熱をカスケードしている。毎日のように煮込み料理や鍋料理がトップを飾っている。

## 薪ストーブ設置店データ

設置店：ファイヤーワールド新潟
住所：新潟県新発田市真野原外2961-6
TEL：0254-20-8656
web：https://fireworld-niigata.com
設置時のこだわり
既存住宅のリーフォームでの設置のため、煙突を一階の下屋の屋根出しで雨仕舞に神経を使いました。

### ヨツール F 500

1999年に発売して以来、不動の人気を誇る。モデルチェンジの多い業界の中で常に人気モデルであり続けた。フロントドアはユニバーサルデザインに則った片開きの大型で、サイドパネルとともにゴシック模様が施されている。ドアに備わるハンドルは大型で扱いやすい。また、ローディングドアが左側面にあり、薪の投入の利便性を上げている。発売当初からクリーンバーン再燃焼を搭載した同機は、現代の厳しい環境規制の中でも十分にクリーンな排気と十二分の暖房力を提供する。現在はさらに排気ガスをクリーンに出来る次ページのecoモデルとなっている。大空間、古民家等に最適。

薪づくりには斧だけでなく頼もしい相棒エンジン式薪割機も利用。これはPLOW PH-GS13PPOGS というモデル。

かなり年季の入った守谷さん愛機スチール社のエンジンチェンソーMS230C-BE。

いぶ苦労しましたが、その苦労が吹き飛ぶほどの温もりと幸福感が得られました。リフォーム前は妻がしもやけになるほど冷え込んでいた家が、壁、天井、床に断熱材を入れ、窓をペアガラスにして薪ストーブを焚くことで寒さに苦しむことは全くなくなりました。飼っている猫も薪ストーブの虜になっています。

使ってみてわかったことは、部屋が暖かいので洗濯物がよく乾きます。それと同時に、湿度が下がりすぎるので加湿器を使ったりしています。新潟の冬は特に洗濯物が乾きにくいのでとても助かっています。

薪ストーブの熱を利用して調理の幅も広がりました。薪ストーブはピザを生地から作って薪ストーブの中で焼いたり、天板に鍋を乗せて無水調理をしたり、冬を楽しく、家を快適に過ごすために必要不可欠な存在になっています。私たちの新たな人生の伴走者であるF500、長く持つように丁寧に大切に使っていきたいと思っています。

# 薪ストーブは冬を乗り越える頼もしい存在

温暖な地域から寒冷な長野県への移住した加藤ご夫妻。薪ストーブ生活で実現したエコな暮らしにどっぷり浸かっているようです。

温暖な地から寒冷な安曇野に移住した加藤さんご夫妻。

## 長野への移住……まずは暖房をどうしよう？

温暖な地域から長野へ移住する。これは生活スタイルが全く違い、その土地の気候に合った暮らしの工夫をしていかなくてはならない。想像もつかない長野の冬。どう乗り越えていこうか？

その中で「暖」をどうする？ エアコン？ ファンヒーター？ 床暖房？ 薪ストーブ？……、なんて少しワクワクするような気持ちで会話が弾んだ。しかし、現実味もなく、ただ部屋の中に薪ストーブが置いてあり、その辺りでぬくぬく暖まっているイメージのみでした。

そんな中、移住準備で訪れた宿。「民宿 山想」さん、そこには鉄平石の炉台に置かれた北欧風でシンプルなデザインの薪ストーブがあり、今思うと一目惚れだったような気がします。二階にある客室まで暖まり、夜はこの薪ストーブの前でコーヒーを飲みながら時を忘れ、暫く炎を眺めていたのを覚えています。これが私たちのＪＯＴＵＬ Ｆ５００との出会いです。

## 一目惚れのモデルは温度調整はイージードライブ

ただ、一目惚れだけで、なんて簡単なことではなく、年間の薪の使用量や費用は？ 自分で調達できる？ 煙突掃除は？ などハードルが高かったのを記憶しています。そのハードルの一つひとつ乗り越えるべく、実際に設置しているお宅にお邪魔したり、薪ストーブも設置している工務店の山風舎さんにも足を運びました。そこでいくつかのメーカーの特徴を聞いたりして、その中でも大きなガラス面、煤がつきに

安曇野ストーブの加藤邸担当の小林重雄さん。

### 長野県安曇野市・加藤邸

| | |
|---|---|
| 煙突仕様 | 断熱二重煙突6m |
| 暖房面積 | 一階 82.8㎡、二階 52.5㎡（計135.3㎡） |
| 設置場所 | 一階リビングの隅、煙突周辺のみ吹き抜け |
| 平均室内温度 | 23℃ |
| メンテナンス | 設置業者さんへ依頼 |
| 使用薪 | ナラ・サクラ、焚きつけにはマツ、スギ |
| 薪の使用量 | 3t |
| 薪の調達 | 自作 |
| 使用斧 | ハルタフォース・スカウト、グレンフォッシュ・ブルークス、キンドリングクラッカー |
| 使用チェンソー | スチール MS261、MS151 |

### 薪ストーブ設置店データ

| | |
|---|---|
| 設置店 | 株式会社安曇野ストーブ「Warmth」 |
| 住所 | 長野県北安曇郡池田町大字会染9004-9 |
| TEL | 0261-85-2483 |
| web | http://sanpuusya.com |

設置時のこだわり

分かりやすい位置にある空気レバーが、ワンレバーのみであること。炎もしっかり見える大きなガラス。

薪を焚くための必要物品というよりインテリアといった方が良いと感じる焚きつけや薪たち。

焚きつけはスギの葉や柴などをきれいに仕分けしている。

加藤邸の F500ECO はドアガラスに格子が入っていない SE というタイプ。クラシカルでありながらモダンな印象も併せ持つ。

冬は気温だけでなく雪も多い安曇野。この時期は雪をかぶらせて自然に乾燥を待つ。

近くの林で伐倒後の玉切りをする加藤さん。

大型の薪棚には細めの薪たちを収納。これならば乾燥しやすく燃焼効率も高いだろう。

くい構造、薪の投入はサイド扉からでき、レバー一本で空気の調整も、クリーンバーンシステムは人にも環境にも優しい……。このような理由でヨツールF500に決めました。

　薪ストーブと言っても暖まる範囲に限界はあるだろうと思っていました。しかし、薪ストーブを導入するうえで空気の流れを考慮し設計して下さった工務店さん、吹き抜けから上がる暖かい空気が循環し全ての部屋が暖まり、外が氷点下でも家の中は快適で行動するのが苦にならないのが正直な感想です。不満な点は特になく、強いて挙げるなら掃除のしやすさを考えるともう少し炉台を広く作っておけば良かったと思うくらいです。

### 薪づくりは夫婦で協力して 焚きつけ、それは優しい世界

　安曇野市に移住した私たちですが、薪の確保に関しては問題がありません。山を所有している友人やご近所の方に木を切らせていただき、針葉樹や広葉樹を準備することが出来るのは有難く、薪が手に入りやすい生活環境はとても私たちの生活を豊かにしてくれています。焚きつけづくりはキンドリングクラッカーを使うと女性でも簡単に割れるので、それは隙間時間での私の仕事。

　着火に手間取ることもありません。薪を組み、スギの枯葉に火をつけて温度が上がり、この間だけでものすごく体が暖まり、炎を見ている時間はとても心地よく穏やかな気持ちになります。二年目の冬、効率の良さを追求して着火の段取りや薪のサイズ、くべるタイミングなど二人で試行錯誤しながら炎を眺めるひと時は、けっして都会では味わえないことです。

　便利さではエアコンやファンヒーターには全く及ばないけれど、この場所でできるエコな暮らしで心も体も暖まる。そんな薪ストーブライフが私は好きです。

### ヨツール F 500ECO

ヨツールが2022年のエコデザイン(排気ガス規制)をクリアするために開発したモデル。外観上は明らかなデザイン変更は見られず、F500の人気ぶりが窺える。従前のモデルより全体的に排気はクリーン。

| | |
|---|---|
| サイズ | W793×D713×H720mm |
| 重量 | 200kg |
| 筐体材質 | 鋳鉄 |
| 定格出力 | 10.5kW |
| 燃焼効率 | 86%(出力8.8kW) |
| 税込価格 | 726,000円～ |

トーンヴェルク T-LINEeco2（スイス）

# 朝夕の2回
# 焚くだけで家中暖か

**留学時代に暖かな体験をして以来、我が家でも暖かな生活に憧れていた鈴木さん。建て替えに選んだのは蓄熱式薪ストーブでした。**

T-LINEeco2 の前でくつろぐ鈴木さん。

### 愛知県春日井市・鈴木邸

| | |
|---|---|
| 煙突仕様 | シングル0.8m＋断熱二重4.25m |
| 暖房面積 | 約151.8㎡ |
| 設置場所 | 一階リビング中央壁際 |
| 平均室内温度 | 23.5℃ |
| メンテナンス | 設置業者（青い空）に依頼 |
| 使用薪 | コナラ、カシ等 |
| 薪の使用量 | 約1.6m³ |
| 薪の調達 | 購入 |
| 使用斧 | 薪購入のため未使用 |
| 使用チェンソー | 薪購入のため未使用 |

### 薪ストーブ設置店データ

| | |
|---|---|
| 設置店 | 青い空 |
| 住所 | 愛知県春日井市高森台6-13-10 |
| TEL | 0568-91-2040 |
| web | https://woodstove.ne.jp |

設置時のこだわり
C値が0.3の高気密住宅であったためDIBt認証の機種を提案させて頂き、住宅の気密を損なうことなく設置方法にも配慮しました。

## 暖房を忘れる自然な暖かさ この薪ストーブしかない

建て替えを考えはじめたとき、まずはモデルハウスへ見学に行くと、数軒に薪ストーブが設置してありました。「いいなー」と思いましたが薪の調達やメンテナンスを考えると「やっぱり無理」とあきらめていたとき、建て替えをお願いした一級建築士事務所株式会社木ぐみ舎の設計士さんから「蓄熱式薪ストーブはどうですか?」「お店がすぐ近くにあるんですよ」と提案をいただきました。翌日、日本総代理店の青い空さんに電話すると「今日なら来ていただけます」とのこと。

「すぐ行きます!」と家から車で3分のところにあるショールームへさっそく夫婦で出かけていきました。そこで、TONWERKの蓄熱式薪スト

屋根の中央部分に生えた煙突は長さ 1m ほど。メンテナンスがしやすい配置になっている。

玄関側から見上げた鈴木邸。煙突がぎりぎり見える。現在薪棚を制作中とのことで、幅 3m、高さ 1.8m、奥行き 0.8m の程よい薪棚が出来上がる。

壁に埋め込まれた3分割の室内用薪棚。薪ストーブ周りがスッキリするうえ多くの薪をストック可能。焚きつけなども仕分けられる。

キッチン側からみたT-LINEeco2。ターンテーブルによって薪ストーブの向きは360°回転が可能。

壁に取り付けられているのは焚きつけ製造機 Edel splitter。青い空にて販売中。

ーブについて、1回の薪の燃焼で、火が消えた後も十数時間暖かく追加の薪は必要ないこと、育成光線を発生し体全体が暖められること、部屋中が温度差なく暖まることなどお話しを聞かせてもらいました。

また、外は凍てつくような寒さでも暖房していることを忘れるほどの自然な暖かさ、と聞き「この薪ストーブしかない」と即決。その後の、三重県松阪市での青い空さんの別荘宿泊体験では、スイス料理をいただきながら薪ストーブの暖かさや初めての薪割りを体験、こんな生活が毎日送れるのか、と家の完成が待ち遠しくなったものですが、今は毎日その生活を楽しんでいます。

## 朝起きた時に23・5℃ 蓄熱式薪ストーブに感謝

我が家の暖房は薪ストーブのみで、焚くのは朝夕の2回のみ。暖房時の平均気温は23・5℃。朝7時頃と夕方17時半頃に火を付けます。朝起きたとき今までは布団から出たくない寒さだったのに、今は部屋のどこにいても快適です。室内で少し活動すると汗をかき半袖になるほどで、たまに誤って半袖のまま室外へ。室内と屋外の温度差に驚き室内の快適さを実感しています。この生活を体験すると薪ストーブのない生活は考えられません。

蓄熱式薪ストーブを教えていただいた株式会社木ぐみ舎さん、そして本当にたまたまなのですが、青い空さんが我が家から車で3分のところだったという奇跡に感謝です。ありがとうございました。そして今後ともよろしくお願いします。

### トーンヴェルク T-LINEeco2

1回の燃焼で6kgの薪しか使わず、しかも内蔵の蓄熱耐火セラミックが12.2時間も放熱し続ける。人体がもっとも心地よいと感じる暖房を実現した暖房方式「蓄熱育成光線暖房式」を採用した。360° 回転機能と自動給気供給弁付き。

| | |
|---|---|
| サイズ | W510×D570×H1,380mm |
| 重量 | 430kg |
| 筐体材質 | 天然石/人工石 |
| 定格出力 | 20kW/6.0kg |
| 燃焼効率 | 80% |
| 税込価格 | 1,870,000円～ |

# より高性能な蓄熱式薪ストーブを求めて新機種に変更

**スイス製蓄熱式薪ストーブと深夜電力を使った蓄熱式床下暖房と併用してきましたが、リフォームをきっかけに同メーカーからの最新機種T-SKYに変更しました。**

トーンヴェルク T-SKYeco2（スイス）

## T-ONEからT-SKYへ 蓄熱式薪ストーブを更新

20年前の自宅新築時にスイスの蓄熱式薪ストーブ、トーンヴェルク社のT-ONE STONEを導入し、深夜電力を使った蓄熱式床下暖房と併用してきました。トーンヴェルクを選定したのは、デザインもさることながら、そのコンセプトと性能が決め手でした。薪ストーブの選定では随分ネット検索しましたが、偶然というか運命的というか「青い空」が扱うトーンヴェルクに辿り着きました。

当時（今でも？）は他社にはない圧倒的に洗練されたデザインであり、設置面積が狭くて済み、周辺壁の遮熱工事が必要ないこと、パネルの色を選べる、回転可能、燃焼室の高さが洋式生活スタイルに合う、などに惹かれました。そして、薪を立てた状態で上端から着火するこのメーカー独自の方法は、煙突からの煙は着火当初の数分のみにわずか生じるのみで、燃え尽きた後の

オーナーの塚崎さんと愛機 T-SKY。

### 長崎県西彼杵郡・塚崎邸

煙突仕様：シングル4ｍ+断熱二重5m
暖房面積：60㎡
設置場所：リビングの角
平均室内温度：一階20℃、二階22℃
メンテナンス：煙突掃除はオフシーズンに自分で行う
使用薪：コナラを中心にカシやケヤキ、クスノキなど
薪の使用量：4㎥
薪の調達：自作
使用薪割機：PLOW社製MASAKARI

### 薪ストーブ設置店データ

設置店：青い空
住所：愛知県春日井市高森台6-13-10
TEL：0568-91-2040
web：https://woodstove.ne.jp

設置時のこだわり
回転式なので煙突芯と外気供給接続口の位置が同軸上になるよう380kgのストーブの微調整が大変でした。

## トーンヴェルク T-SKYeco2

重さ380kgの理由は、より蓄熱力を高めるために蓄熱体をたっぷりと入れているから。これによって1回6kgの燃焼で平均出力2.6kWで快適に8.8時間も室内を暖める能力をもつ。蓄熱力最高峰の1台。

| | |
|---|---|
| サイズ | W475×D570×H1,646mm |
| 重量 | 380kg |
| 筐体材質 | 天然石/人工石 |
| 蓄熱容量 | 20kW/6.0kg |
| 燃焼効率 | 80% |
| 税込価格 | 1,879,000円～ |

右：薪を縦に置いてトップダウン燃焼を行うトーンヴェルク独自の方法。ここまま徐々に炎が薪に乗り移る。左：20分ほどすると薪全体に炎が行き渡る。この間、空気のコントロールはすべてT-SKYが司っているので、ユーザーは手放しで暖かさを享受するのみ。

左の掃き出し窓と比べても背の高さが窺えるT-SKY。理由は大きな蓄熱体が埋め込まれているから。その分7時間以上室内を暖めてくれる。

こちらは自宅用の薪棚。すでに乾燥しきって出番を待っている。樹種はコナラを中心の広葉樹。

メンテナンスしやすい高さの屋根出し煙突。自動燃焼のトーンヴェルクの性能の高さも相まってかなり上手に焚かれている。

本体のフォルムに合わせて置かれたセーフティーガラス製のおしゃれな薪ラック。

灰がほとんど残りません。

一方、燃焼途中で薪の追加を繰り返すと残灰量が急に増えることから、この着火方式がいかに効率的かを物語っていると思います。後にT-BAKEを追加し、オーブンとしてピザ焼きやさつま芋を放り込んで焼き芋などを楽しんできました。

これまでは蓄熱式床下暖房と薪ストーブの暖房比率は半々といったところでしたが、昨今の電気代の高騰を機に、電気代を抑え冷暖房効率を上げるべく、太陽光発電と蓄電池を導入し、全窓を二重のペアガラスにリフォームしました。T-ONEはまだまだ使える状態でしたが、より薪の投入量が多く燃焼効率の良い最新式のトーンヴェルクのT-SKYに更新しました。

### 以前より薪容量が増え 7時間後もまだ熱を持つ

T-SKYは、投入薪量が1.7倍に増え（腕の太さの薪なら10本ぐらい入ります）、自動ドア閉鎖装置（前機種で一度閉め忘れがあり、冷えたことがあります）、自動空気弁などの新機構が備わっています。実際使用してみると、薪量が多い分、暖房能力は確実に増えていますが、蓄熱式のため急激な温度上昇はなく、焚きつけ初期には前面のガラスパネルから圧倒的な放射熱を4～5メートル離れた場所でも感じます。

また、薪が燃焼し終わって7時間後でも側面の蓄熱パネルを触るとまだ熱い状態であり、蓄熱効果も充分です。組み立て時に立ち会ったのですが、側面パネルと燃焼室上部は全部蓄熱体で構成されているようでした。

薪の追加投入をせずに、起床時、夕刻そして就寝前毎に一から薪ストーブを起こせば、厳冬期でも床下電気暖房はほぼ必要ないのではと感じます。惜しむらくは、T-SKYにはオプションも含めてオーブン機能がないことと、オフシーズンに年1回ほど行う内部掃除が面倒なところでしょうか。

### 薪は仲間3人とシェア メンテフリーが大きな魅力

薪づくりは近所の薪ストーブ仲間3人で行っています。時には伐採から行うこともあり、3～4年分を一気に玉切りから薪割りまで行い、共有の薪置き場に保管し乾燥させています。吹きさらしの薪置き場ですので、1年あれば十分に乾燥し、シーズン前に自宅薪棚へ移動して使う、というスタイルを続けています。

トーンヴェルクの薪ストーブは基本的に定期的な部品交換の必要はなく、適正に使用すれば掃除以外はメンテナンスフリーなのが特徴で、安心して今後20年は使っていけると期待しています。今後は薪の確保が体力的に厳しくなっていくでしょうが、薪の使用量が少ないのは助かります。揺らぐ炎を見ながら充分な暖を採れることの幸せを、これからも楽しんで行きたいと思っています。期待通りの暖かさを得られており、非常に満足しています。

# 薪ボイラーで全館暖房!

## 家庭用にちょうど良い、
## タンク一体型万能薪ボイラー“VODA《ヴォーダ》”登場

家庭で使うエネルギー消費の半分を占める電気・ガス。

薪ボイラーVODAはそれらのエネルギーコストを半減できるスグレモノが日本に上陸した。

実際に運用中のVODA。高さは1.4mほどあるが、焚き口の高さが70～80cm程度なので薪の投入に苦労することはない。

鋳物製の重量級で密閉度が高く、高耐久。

焚き口から中を覗く。今回はすべて地元産のスギ薪や背板などを燃やした。火力は給気口の開度で調整する。

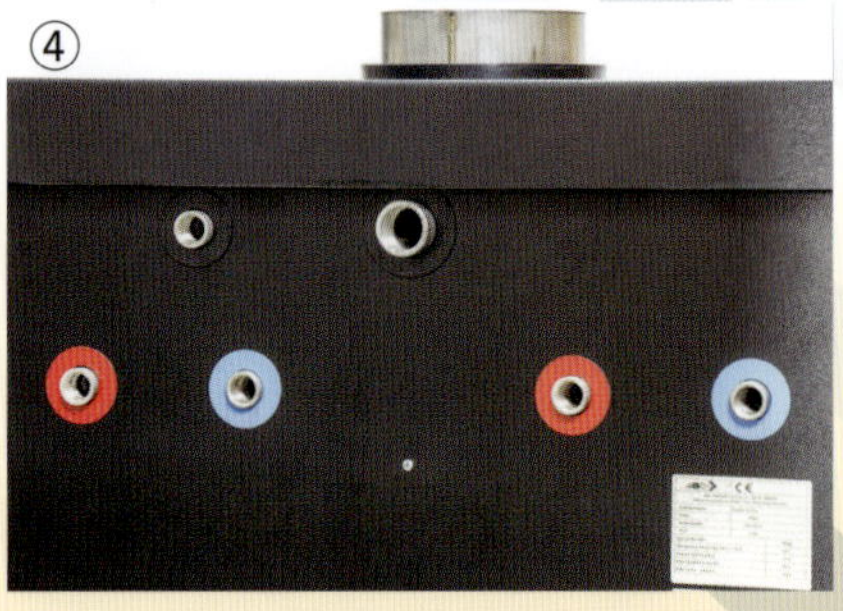

①トップの蓋を開けると見えてくるのが給湯一系統、暖房一系統、計2系統の熱交換器（標準装備）。給湯のみ2系統、暖房のみ2系統といったカスタマイズも可能。 ②ボールタップ式でのタンク水位の調整をせずフロート式で調整することでパッキン劣化による水漏れを防止。 ③こちらは本体に付いている水温表示計。最高90℃まで湯温を上げられる。 ④背面パネル。密閉型ボイラーに比べてはるかにシンプルな構造のため、設置や運用はとても簡単。 ⑤ヒーターパネルを設置する場合は圧力計（上）と水温計（下）が必要となる。

## 水道圧だけで給湯できる開放式ボイラー

薪ストーブの利点はなんといっても輻射熱による優しくも圧倒的な暖かさ。ただ、輻射熱は遮蔽物の向こう側を暖めるには対流熱に頼ることになる。ドアで区切られた廊下や洗面所・脱衣所などではそのパフォーマンスが享受できない。ところが、同じ薪を燃料とした薪ボイラーなら、温水によるヒーターパネルで熱源から離れていてもポカポカ。バルブで温める部屋数と温度を管理できる。もちろんお風呂などの給湯も同時に供給可能だ。

ＫＥＤＯ ＪＡＰＡＮが新しく発売したＶＯＤＡ。同社はセルビアの薪ボイラーメーカーABCproizvod社の製品を輸入販売している。特にＶＯＤＡは貯湯タンクが本体に装備されているため、外付けの貯湯タンクが不要（設置も可能）で、薪ボイラーとしてはとてもコンパクト。さらに、貯湯タンクのお湯の沸騰時に水蒸気が外に逃げる大気開放式を採用している簡易ボイラーのため、小型ボイラー以上に求められるボイラー技士免許や設置時の報告義務の必要がないことも大きな魅力。

もう一つ大きな魅力がある。それは給湯だけなら電気を必要とせず、水道水の圧力のみでお湯を供給するため、災害等の停電時でもお風呂やシャワーが可能なこと。しかし、薪ボイラーを導入するなら家中を暖めることにも貢献してもらいたいもの。そんな時はヒートパネルを使えば家中を薪エネルギーで暖められる。その場合は電気による小型ポンプによってお湯を循環させる必要があるが、災害時や停電時でもポ

本体に貼られたVODAのロゴ。VODAとはセルビア語で水を表す。

VODAの使用イメージ

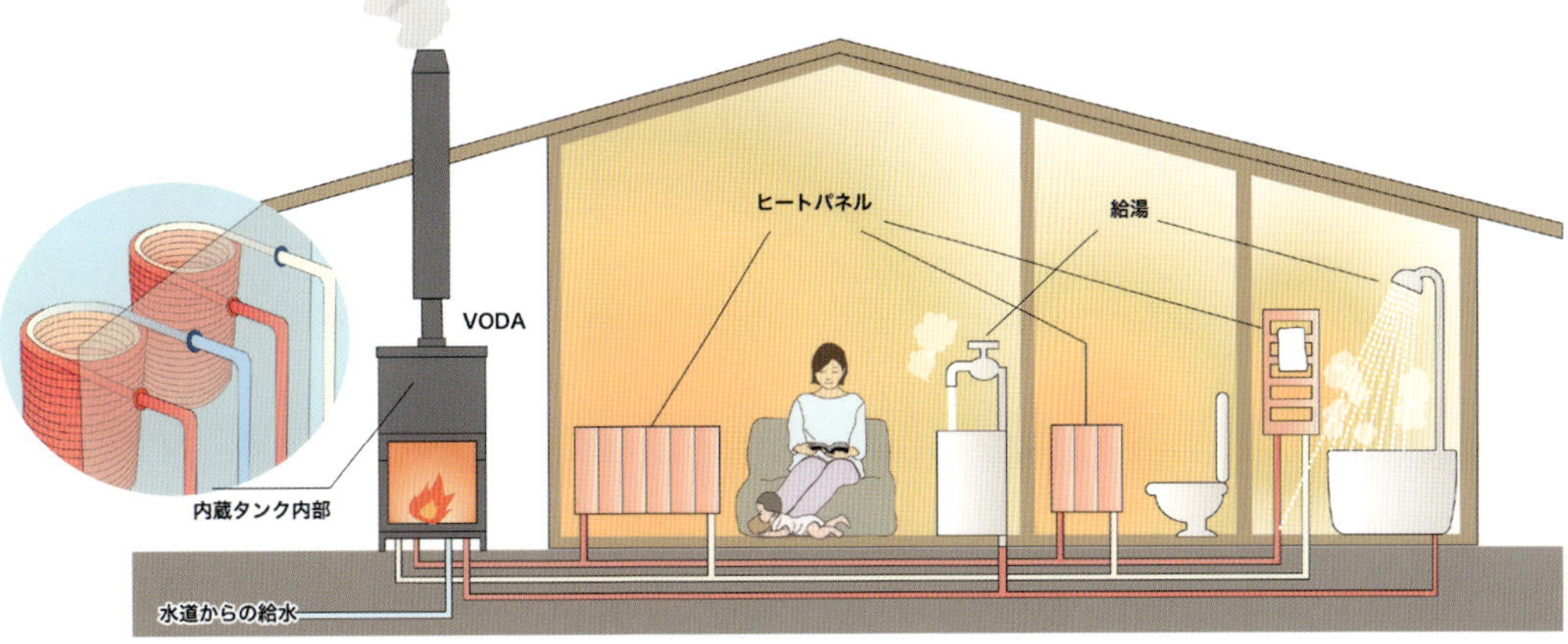


室外に設置したVODAによって、リビングや脱衣場などはヒーターパネルで暖房し、キッチンや風呂・シャワーには給湯。家中が一台で温熱環境を整えられる。

⑥⑦寝室や脱衣場などを暖めるヒートパネル。部屋の大きさに合わせて1セルごとにパネル数を調整できる。カラーはホワイトとブラックの2色。⑧ドラフトレギュレータ。日本に初登場。バイメタルを使って設低温度以上になったら電気に頼らず吸気口を閉めて過燃焼を防ぐ。⑨オプションの太陽熱温水器。夏期などボイラー不使用時でも温水を作れる。⑩ボイラーからヒートパネルへお湯を送るための小型ポンプ。電力を使うのはこれのみ。⑪薪で沸かしたお湯というだけでも温泉並みに嬉しい。

## VODA

| | |
|---|---|
| 出力(kW) | 7.5 |
| 缶水量(L) | 220 |
| 本体重量(kg) | 250 |
| 外形サイズ(mm) | W714×D1,106×H1,387 |
| 燃焼室サイズ(mm) | W480×D790×H510 |
| 内蔵タンク容量(L) | 220 |
| 最高温度(℃) | 90 |
| 煙突直径 | 158/152 |
| 本体価格(税込) | 660,000円 |
| 問　KEDO JAPAN | https://kedo-japan.com |

ンプを動かす最小限の電力の蓄電池さえあれば問題はない。炉の開口部奥行きが790㎜もあるからほとんどの薪が余裕でくべられ、しかも針葉樹や端材など無垢の木質バイオマスであれば燃*やすことが可能。

実際に外気温0℃程度で低気密・低断熱の古民家に体験宿泊したが、温水によるヒートパネルのおかげで毛布1枚でも暖かに熟睡できた。また、薪以外の熱源にも接続可能。晴れてさえいればオプションの真空管太陽熱温水器の併用で外気温がマイナスでも60℃を超える熱源を供給し、春夏秋の日照なら言うまでもない。すべての熱源を呑み込むドラゴンボールの魔神ブウならぬ薪ボイラーVODA。春夏秋冬どの季節でも活躍できる。とくにVODAであれば、コンパクト&シンプルなシステム、個人で導入・施工ができる。薪ストーブユーザー諸氏、そろそろ薪ボイラーによるエネルギーの自立、始めてみないか。

＊竹のみの燃焼は推奨できない。

Artificial firewood test

# ブリケット薪各種を燃焼比較

昨今人工薪のバリエーションが増えてきた。
ここではストーブショップ森と水と太陽のエネルギー舎にて行われた人工薪のテストをレポートする。

Text & photo=KOBAYASHI Ichiro

燠の状態

燃え方の「見た目」も重要な要素。油圧式（左）の方が膨張大きめ、火持ちも劣る。

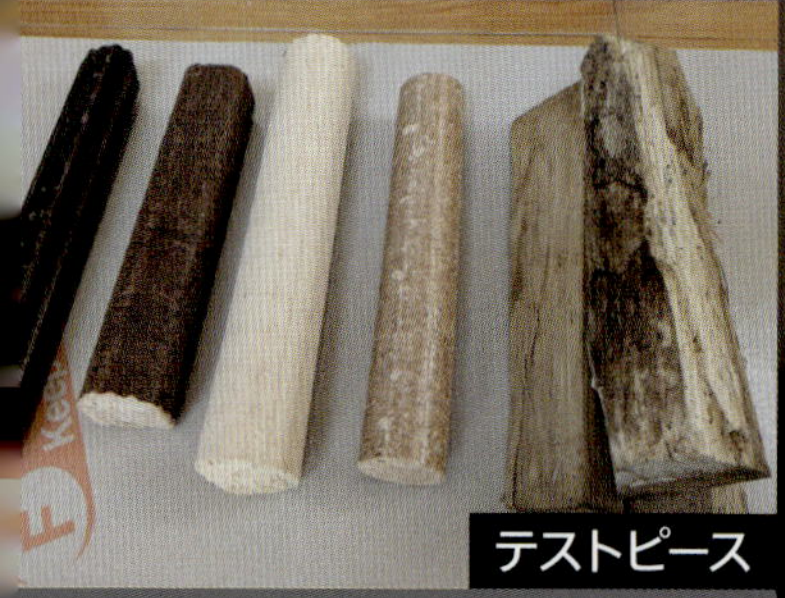

テストピース

右から、広葉樹薪、機械式圧縮、油圧式、カエデ機械式（原料製造ともカナダ）、オガライト（原料不明だが国産）。

投入直後

右：機械式、左：油圧式。投入直後から燠になるまでを観察。機械式の出来は上々。試験日：2025年2月1日、森と水と太陽のエネルギー舎（茨城県つくばみらい市）にて実施。

## 入手しやすい4つの人工薪をテスト

筆者が製材端材等を原料にした人工薪（ブリケット）の普及を拡大しようと模索していることは本誌51号記事でも紹介させてもらいました。先日スギ、ヒノキ端材を機械式圧縮で成形、試作したブリケットが期待以上の使用感だったため、比較的入手しやすい他の類似品と燃焼比較してみました。

評価方法は個人でできる範囲なので、薪ストーブでの実燃焼での感覚的な評価に留まりますが。それでも、「かなりいい出来！」と言えるくらいには仕上がってきました。

針葉樹と広葉樹の薪は、重量あたりの発熱量で比較すれば両者はほぼ同等です。機械式圧縮は油圧式よりも密度を高められるため、「密度の低い針葉樹薪」の欠点を補えます。これまでも油圧式やスクリュープレス式（いわゆるオガライト）のブリケットはある程度普及していますが、ユーザーから支持されているとは言い難いです。

テスト機はPIAZZETTA E228C（薪・ペレットハイブリッド、本誌44号でレビュー）。ペレットで30分ほど予熱した後にブリケットに移行。同時に2種の人工薪を投入し、着火性、火炎・燠の持続時間などを、目視で比較しました。

ブリケットはいったん粉砕した原料を圧縮するので、繊維が短くなっています。熱分解が始まると横方向にいくつかのブロックに割れていきます。油圧式は「ヘビ花火」とユーザーからは揶揄されるような燃え方になるので、燃やしやすいものの評価が高まらないところがあります。機械式は、ハンマー付きフライホイールでの叩き出し。長尺方向に積層させていく成形なので、燃える際にはその層ごとに割れていくイメージです。膨張はしますが見た目は（個人差あると思いますが）許容範囲でしょう。オガライトはストーブには不向きと判断しました。着火性に劣り、火炎がすぐに消失します。ただし、燠としての持続時間は長めで、「これはオガ炭の原料だよな〜」という感想です。燠としてもほぼ形状を留め次第に小さくなっていきます。

燠の持続時間は、油圧式に比べやや機械式が優れ、一番はカエデ、広葉樹薪はさらに長時間でした。ブリケットの燃え方は、円盤またはブロック状に割れながら、その間を空気が通り、燃焼が促進されます。この特徴があるため、火力が衰えてもすぐに回復し、少量でも本・弱燃焼でき、その間、煙突からの煙は視認できない程度で抑えやすいです。薪と同時や補完的に燃やしてみていただきたいところです。

機械式圧縮のブリケット、悪くないところまで出来てきたように思います。なお、筆者たちはブリケット製造機を広げていくのが主目的なのでブリケットそのものの販売はどうするかは未定です。

薪づくりの日々
早池峰山の麓より 40

# 改めて災害への備えについて考える

能登半島地震のボランティアに加わった柴刈りスト。
他の方と異なったのは身体とともに薪を支援したのでした。

岩手県在住 柴刈りスト
深澤　光

## お蔭様をもちまして連載40回

お蔭様をもちまして、本連載も今回で40回ということになりました。途中、体調を崩して5回も休載をさせていただいたこともありましたが、編集長の深い御理解と読者の皆様の御厚情により、ここまで足掛け15年間お付き合いをいただくに至りました。本当に感謝しかありません。

連載を始めて2年目、第3回が掲載された本誌第11号が発行されて間もなく、東日本大震災が発生。冬の寒さが残る東北では薪が大変な威力を発揮しました。その体験をその年の6月に発行された第12号で、編集長にお願いして急遽書かせていただきました。そしてちょうど1年前、２０２４年の元日には、能登半島を中心に大きな震災に見舞われました。たまたま長野県松本市の旅先でこの地震を感じた私は、1月末から輪島市に支援に赴くことになり、そこでもまた、避難所の方々と薪の有難さを共有することとなりました。

その後、まだ地震災害からの復旧も緒に就いたばかりの２０２４年9月には、能登半島を中心に大雨災害により甚大な被害を被りました。重なる災害で被害に遭われた皆様方には本当に大変な思いでお過ごしのことと思います。心からのお見舞いを申し上げます。

その様なことから今回は改めて、薪利用を中心とする災害への備えについて、能登半島での体験を基に考えます。

【写真2】4mも隆起したといわれる海岸。

写真1

写真2

## 正月元日から震災

２０２４年1月1日、松本市に家族で暮らす小中学校の同級生宅に夫婦でお邪魔していました。そろそろ夕飯を兼ねて飲みましょう、というところに、あの東日本大震災を思い起こす様な長い揺れが。即座に大変な地震が起きたのではないか、と感じました。テレビがない家なので直ぐには分かりませんでしたが、ネットニュースなどで能登半島付近が震源と分かり、北アルプスを挟んだ近い場所で起きた地震であることを知ります。やはり、直接その揺れを体験すると他人事とは思えなくなるもので、岩手に帰るまでの間も車を運転しながら被害状況を聴き、何かしなくても良いのか……、と考え続けました。1月4日のフェイスブックには、次の様に投稿しました。

「今回の能登の震災でも、『備蓄が尽き食べるものが無い』、『発災二日目でトイレの衛生状態が限界』といった報道に接し、本当にその状況は手に取る様に分かります。

13年前、福島市内の避難所でも発災直後からの断水のため、トイレは悲惨な状況でした。岩手県大槌町の避難所周辺の集落では、発災後10日を経過してもなお、食糧が（足りないではなく）無い状況に遭遇しました。トイレ機能を備え、炊き出しが出来るキャンピングカーの様な車両をもっと普及しておいて、普段は旅行やキッチンカーなどに使いながら災害時に活用出来ないか、と思います。いや、ポータブルトイレ

# 薪づくりの日々
早池峰山の麓より

写真6

写真7

写真4

写真5

写真3

だけでも良い。各家庭で準備しておくべきではないか。カセットガスコンロはどこの家庭にもあるでしょうが、新聞紙あるいは枝や割り箸だけでも炊事が出来る、タイガー魔法瓶が創業１００年を記念して発売した『魔法の炊飯釜』の様なものも普及させるべきです。

国民ひとり一人の震災対応能力を高めることで、イザという時にはそれを集めて被災地に届けることも出来ると思います。大災害の時には、何よりもトイレが大切です。」と。

【写真３】被災地に向かいます。

## 能登へ

冬の寒さも本格化してきた１月24日には、「被災地北陸は寒波により大雪とのこと。雪も大変ですが、やはり日中の気温が零度前後までしか上がらないことが一番キツイのではないか、と思います。東日本大震災の時よりもさらに寒さが厳しい今、暖房や給湯など癒しの場の支援も急がれます。東日本大震災の時には、発災から3週間が過ぎた頃、俺たちは何をしていただろうか……。もう13年も前のことなので忘れがちになるのですが、それを思い出すのにこの『ふくしま薪ネット』のホームページ（ＨＰ）の記録が役に立ちます。

『ふくしま薪ネット』は、福島県職員の渡部昌俊さんが主宰されている薪割りクラブのネットワークです。大震災当時、岩手木質バイオマス研究会に所属していたヒカリは、震災直後から研究会のメーリングリストに、瓦礫薪による給湯支援など日々の状況を投稿していました。それを薪ネットのＨＰにすぐさま載せてくれたのが、やはり研究会に所属していた渡部さんでした。

薪ネットのＨＰを読み返すと、４月上旬の大槌町吉里吉里小学校の避難所には２００人を超える住民の方が避難していました。避難所の前に張られたテントに２台、ブリキの薪ストーブがありました。

毎朝、その薪ストーブを囲んで暖を採りながら、日々の悩みを話したり、コーヒーを飲んだり……、それが大切だと感じました。自分だけ助かって家族全員を津波で亡くされた方。将来を約束した彼女を車ごと流されて亡くされた方。避難所の台所での事件の報告などなど。その様な話をただ聴いていることしか出来ませんでしたが、その薪の暖かさを囲む癒しの空間が、避難所、被災地には必要だと。

30年前の阪神淡路大震災以来、日本国内には被災地支援のノウハウがいろいろと積み上げられてきていますが、水、食糧、トイレ、寒さ（暑さ）対策、シャワーや風呂など衛生維持に加えて、癒しの空間確保……、と大切なことは変わっていないと思います」。

と投稿しました。この頃になっても、依然として石川県のＨＰには、「一般のボランティアの支援はお断り」の知事のコメントは出されたままだったので、災害支援ボランティア団体を見つけて連絡を取り始めていました。１月31日には岩手を出発し、輪島市門前町浦上地区の避難所に向かいました。

【写真４】輪島市浦上地区仕事初めの日。

【写真５】生活給水支援部隊の朝のミーティング。

【写真６】橋という橋の全てが道路との間でこの様に０・５ｍ以上の段差が。

## 避難所で薪を囲み

輪島市門前町で給水支援をしているボランティア団体に参加する形で、災害支援活動が始まりました。給水タンクを積んだ４トンダンプを運転し、市の浄水場から町内のおよそ10箇所の避難施設に生活用水を配ることや、生活用水を貯める１トンのタンクを１００㎞ほど離れた金沢市近くの店まで買いに行き、新たに設置するなど、最初の２週間くらいは給水インフラの整備が主な仕事でした。拠点にしていた浦上地区の避難所の住民の方々とも、１週間を過ぎる頃には懇意にさせていただく様になりました。２月６日には、

「ここは、滞在している浦上地区避難所の前にある『居酒屋コーナー』。この地区の住民の方々は、普段から親戚づきあいをしている人が多いことが分かります。この５日間ほど皆さんを見ていたり、声を掛けられたりしていると、皆でお互いに助け合い、言いたいことを言い合える雰囲気が伝わってきます。

この居酒屋で今日は初めて地元の方々と一緒に飲みました。実は、自民党の代議士が来るので一緒にどうぞと言

写真8

写真9

写真10

写真11

写真12

われ、この居酒屋にハマらせてもらいました。ここまで来て代議士の相手は勘弁して欲しいなぁ、と適当にさせてもらいましたが、代議士が見える前に、そこで焚かれている薪ストーブというのか、煙突の無い焚き火竈についての問答が面白かったです。

　ヒカリ：この辺りには、ブリキで出来た煙突のある薪ストーブは無いのですか？

　オジサン：アレは駄目ダメ。物足りない。やっぱり煙が出ないと。

ヒカリ：あー、煙を浴びたいわけだ。

オジサン：そういうこと。薪も乾いてないからどんどん段ボールを燃やして頂戴。

ヒカリ：カシコマリマシター！

　郷に入れば郷に従え、です。そういえば、この辺りで何百軒と家を見ていますが、煙突が立っている家をほとんど見ていないことに気付きました。薪を焚く文化があまり残っていないのか。さらにそういえば、一昨日羽咋市（輪島市と金沢市の中間）のホームセンターで売られていたナラ薪は、カビ（菌糸）だらけでとても質が悪いことに驚きました。同じ会社のホームセンターなのにこんなにも違うとは。岩手では絶対にクレーム品です。」

　と投稿しています。薪の文化も地域によって様々。幅があるものだと感じました。

【写真7】最初の仕事は給水車の運行。

【写真8】１００㎞ほど離れたホームセンターに給水タンクを買いに（運送会社は道路事情が悪く能登半島には配達が出来ない状況）。

【写真9】避難所に洗濯機を設置するのもボランティアの仕事。

【写真10】羽咋市内のホームセンターで売られていた薪。

## 能登半島のアテと早池峰の縁

　能登半島の農山村の風景は、岩手県の北上山地ともさほど変わらない様に見えました。浦上地区の風景は、早池峰山麓の大迫町にとても似ています。

　一つ大きく違うのは、植林されている針葉樹の多くは、能登ではアテと呼ばれているヒノキアスナロであることです。青森ではヒバと呼ばれている木。このアテは石川県の「県の木」で、例えば、数年前石川県で開催された全国植樹祭では、天皇陛下がお手植えされた木です。これから地震で倒壊した数多の家屋を復旧するためには、このアテの木が欠かせないでしょう。被災地の中でも、この度輪島市門前町に来ることになったのは全くの偶然でしたが、支援活動の拠点となった浦上地区には、「元祖アテ」という県指定の天然記念物があります。避難所になっている公民館も「あすなろ（＝アテ）交流館」の愛称が付けられています。

　避難所から歩いて3分程の所にある「元祖アテ」を初めて訪ねた時の投稿です。

　「学校で林業を勉強しましたが、この50年間近く、能登半島のアテはヒノキアスナロの変種だと思い込んでいました。ところが、今回活動している浦上地区には、「元祖アテ」という市指定の名所が有ります。犬の散歩を兼ねて、仕事を終えた夕方に訪ねてみると驚愕の史実がありました。

　１１８９年に、中尊寺金色堂で知られる奥州藤原氏の三代秀衡の三男忠衡が、今の岩手県平泉町から苗木を持って来たのが輪島のアテの始まりである、との解説が、その樹齢８００年を超える元祖の木の前に掲げられています。１２８６年、源氏の流れをくむ泉三郎忠衡が、平泉からこの地に移り住んだ際に苗木をもたらした、という別の説もあるのですが、どちらにしてもアテは８００年くらい前に岩手県から来た、ということです。

　まさかアテの始祖が岩手県にあったとは……。岩手県のヒノキアスナロ自生地と言えば、早池峰山と五葉山に限られます。幼樹の成長がとても遅いため、岩手県ではほとんど山に植えられてきませんでした。ヒノキアスナロノ（アテ）は、挿し木で簡単に殖やすことが出来て、伏状更新という枝の途中から根を出して広がっていく特別な性質もあるので、雪が多い能登半島には合っていたのでしょう。怖しい程日陰にも強い木なので、一度林が出来ると半永久的に天然の更新を続けることが出来ます。材質は、よく知られている様に水に強く腐りにくく、シロアリにも滅法強い木です。

　その様な素晴らしい木の御縁で、能登と岩手県それも早池峰山麓が結ばれているとは。今でも当地と岩手県平泉

写真13

写真14

写真15

写真16

町の交流が続いていることも知り、興奮の『放課後』でした」。

この支援活動の間、胸と背中に「岩手県……」とマジックで手書きしたジャケットを着ていたところ、何人かの住民の方に、「ご存知ですか？この地域は岩手県とは深い御縁がありまして」と、とても親しく声をかけていただきました。何かこの地に呼ばれて来た様な気になりました。

【写真11】避難所となっていた浦上地区公民館「あすなろ交流館」。
【写真12】浦上地区の「元祖アテ」。
【写真13】樹齢８００年のアテの木。

## 薪を土産に再び輪島へ

浦上地区避難所の「居酒屋」には大迫産ワインを手に何度か通いましたが、流石に煙たくて敵いません。乾いていない薪を焚くのと、それを補うために避難所に積み上がる廃段ボールを焚くからです。そこで、

「(写真は)輪島市浦上地区の皆さんへ本当にささやかな『お土産』です。

前回滞在している間に、避難所の外にある焚き火居酒屋に招かれましたが、煙くて煙くて……。生の木、スギとか広葉樹の薪しか無くて、そればかりを焚いているものですから、人間の燻製を作ろうとしているのか、と思う程。それで、乾いた薪を数十kgですが、車に積んで行きます。リンゴを主体にナラ、ヤマザクラと香りが良いものを選んで」

と投稿しました。焚き火用のせいぜい1週間分くらいにしかならないかも知れませんが、この薪を焚きながら御縁がある岩手を想っていただけたら、と2月13日に50kg程の薪を届けました。

そしてその日、

「本日発災から49日目に、輪島市門前町浦上地区避難所において上水道が復旧しました！このことに伴い、この避難所の風呂もこれまでの3日に一回から2日に一回に（一日おき）に変わります。これでもう給水支援は必要ない、ということでは全く無いのですが、一つの区切りであるとは思っています。

生活用水については、13年前の東日本大震災の時と全くと言って良いくらい同じ状況、ということがよく分かりました。水を莫大に必要とする水洗トイレや洗濯機が使えなくなるのは大変なことです。特に、トイレの問題には日本人はとてもセンシティブ。公衆トイレで「音を流す」のは世界中で日本人だけだそうですから……」

と投稿しています。トイレの大切さについては前にも書きましたので、

「被災地とは、ある瞬間に、ウォシュレットは愚か、水洗トイレも無くなる所なのです」という言葉を紹介して、大災害時の対応を考えるヒントといたしましょう。

【写真14】倒壊した家屋からの大事なモノの掘り出しも仕事でした。
【写真15】後半には瓦や倒れたブロック塀の片付けも。
【写真16】避難所で焚いていた薪（ほとんどが生木でした）。
【写真17】避難所で焚いていた焚き火竈。
【写真18】土産に持って行った岩手の薪。

## 避難所の風呂で

被災地での生活では洗濯やシャワー、風呂など身体の清潔を保つことも大切です。2月19日には次のとおり投稿しました。

「昨夜は、3日に一度の輪島市浦上地区避難所の風呂がある日で、仕舞湯

写真17

写真18

写真19

写真20

に入らせていただきました。風呂は、日本人にとっては特別なものです。身体を洗い温めることもですが、風呂に浸かることで心の癒しになり、また共同風呂ではコミュニケーションも生まれます。懇意にしていただいている住民の方々と一緒になったので、今回の震災後数週間の燃料や食糧の供給状況などについての話を伺うことが出来ました。

やはり被災直後の2週間くらいは、ガソリンや灯油の購入数量については制限があったそうです。発災から50日が経った今も、町内にある3箇所のガソリンスタンドのうち1箇所は、タンクの亀裂などにより通常営業が出来ていません。今日話題になったことは、福井県に本社があるドラッグストアのことでした。

この町には、3つのドラッグストアが有りますが、その店だけは発災翌日の1月2日から店を開けたそうです。店内は棚から商品が落ち、瓶が落ちてガラス片が散らかったまま、停電している中で営業をしてくれた、とのこと。経営者の、店長の、判断なのでしょうが、立派なことだと思います。ほとんどの人はまずペットボトルの水を買い求めたそうです。そういう状況の中でも混乱は起きませんでした。

東日本大震災の直後に福島駅周辺でも同じような光景を見せてもらいましたが、日本人は美しい国民だと、つくづく思います」。

【写真19】飲料水は行政が給水してくれるが……。

## 教訓と必要な備え

輪島市には、上水道が全市でほぼ復旧した4月中旬まで4回にわたり滞在しました。各地からのボランティアの方々と協力して支援活動をさせていただき、多くの新たな教訓も学ぶことが出来ました。

改めて分かったこと、一番の教訓は、生活用水は行政では供給してくれない、ということです。被災地にはボランティアや給水車などの機材を早く投入して、飲料水とは別に給水体制を整える必要があります。

7月7日の朝日新聞には、能登町で50軒の農家民宿を束ねている方の記事が載りました。「昔の暮らしが災害時に強いとわかった」という内容です。山の水があるので水には困らず、4日後には電気が復旧し、風呂や洗濯が可能に。山からの水があっても、一度熱を加えないと飲料水はもちろん、洗濯や風呂などに安心して使うことは難しいでしょう。農家であれば、薪ストーブや薪竈の一つはあったと思われます。薪があれば、水の調達にも、食事、照明、暖房といった生存維持に不安はありません。「昔の暮らし」が出来ない都会のマンション、特にタワマンなどでは、大災害の時にはどうなるのでしょうか。

「たとえ細々とでも良いから続けていきましょう、広げていきましょう薪ストーブライフ！」と、災害への備えとしての薪への想いをさらに強くした2024年でした

【写真20】避難所の風呂もボランティアが設営します。

# イントレピッドⅡから イントレピッド フレックスバーンへ②

薪ストーブシーズンに突入した12月、触媒機からフレックスバーン機に代替えした山崎さん。燃焼スタイルの違いに戸惑う場面も多々あったが……。

Text=Yamazaki Yoshihito　Photo=Yamaoka Kazumasa

無事にイントレピッドの交換を終えてガッツポーズの山崎さん。

## 触媒フレックスバーンの違いに戸惑う

２０２４年2月、隣家出火の火災に見舞われ、昨シーズン後半と、今シーズン前半合わせてほぼ1シーズン、二十数年振りの薪ストーブのない生活でその魅力を改めて感じました。

経年劣化に加え、放水でのダメージも酷く、家の修復に合わせて交換を決めました。家族の総意は赤のホーロー。新築当時とは薪ストーブ事情もかなり変化し、淘汰された薪ストーブが多い中、聞き慣れない燃焼方式に変わったものの同じデザインの薪ストーブが現存し、しかも在庫が一台あるため今シーズンに間に合う（加えて中村編集長にも相談）とのことでほぼ即決。２０２４年12月16日イントレピッドⅡ（以下Ⅱ）との入れ替えでイントレピッドフレックスバーン（以下ＦＢ）がやってきました。

外観はほとんど変わりませんが、割れやすかったセラミックのハンドルが木製に、足にアジャスターが付き、リアとボトムにヒートシールドが標準装備されました。また、炉内のパーツが鋳物からセラミック製に、灰受皿が炉内から本体下に独立したため、ドアを開けずに灰の掃除が可能になったことに加え、炉床が7〜8センチ深くなったことで、溜まった灰がドアから溢れるまでにかなり余裕が出来ました。

焚いた感想は瓜二つの見た目とは大きく異なり、既に二か月焚いていますが未だに上手く焚けない試行錯誤の毎日です。

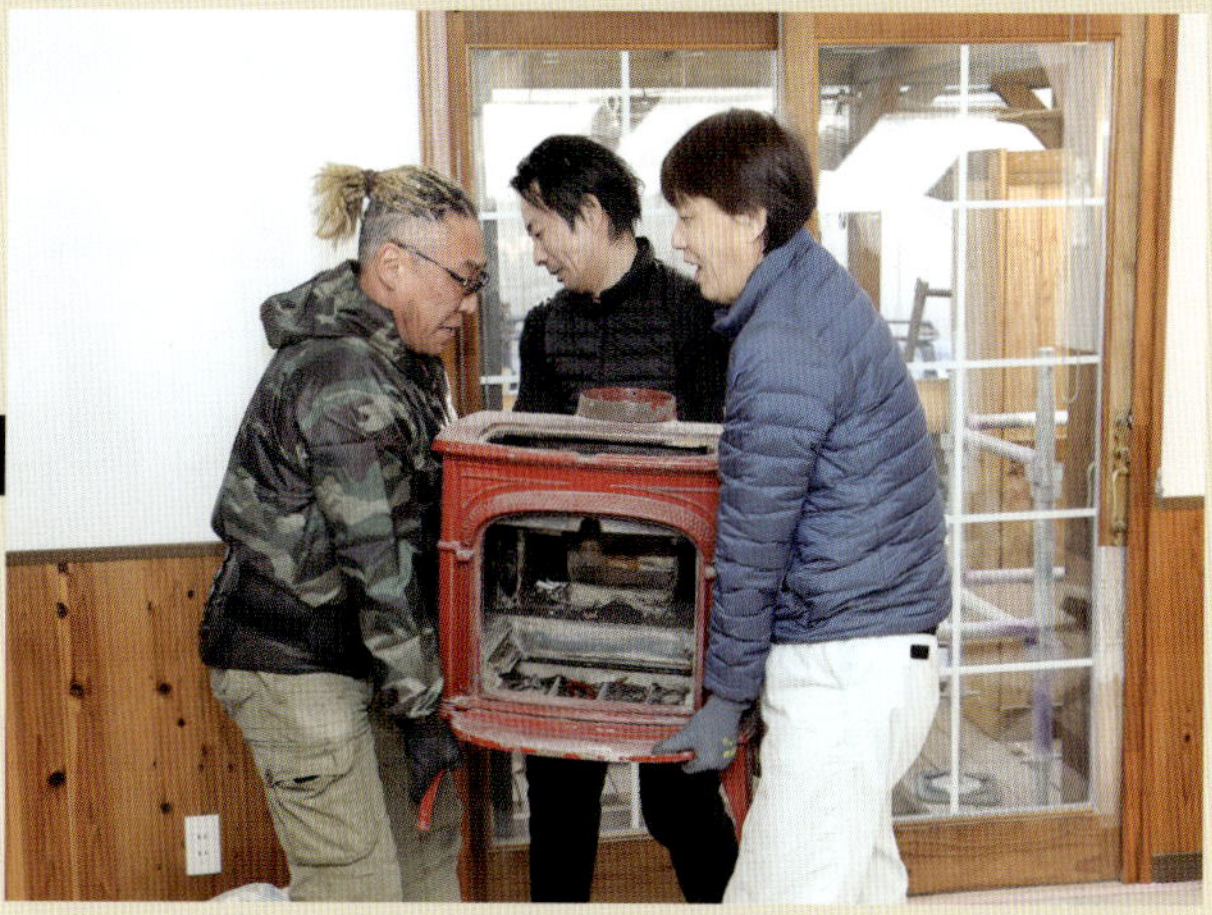

イントレピッドⅡを搬出。小型といえども重量級なので3人で運ぶ。

同じ場所にイントレピッド フレックスバーンを設置する。

今回は室内煙突（シングル）は再利用のため耐火塗料で化粧直し。

屋根出しの煙突も再利用だが、支柱が心許なかったために強化した。

シーズンイン直前の入れ替え作業を終了！ イントレピッド フレックスバーンのレッドも温度が上がると深い赤に変化したことに感動する山崎さん。

塗装直しを終えた室内煙突をイントレピッド フレックスバーンに付ける山崎さん。

最も違いを感じたのは空気の吸入量です。Ⅱの全開が100とするとFBは半分、いやそれ以下にも感じます。

マニュアルでは「焚きつけ6～8本の上に2～3本の大き目の薪を載せ着火剤に火をつけドアを閉める」とありますが、これでは徐々に火力が弱まっていきます。また「75～100㎜熾床が出来るまで細かい薪も足し続けます」とありますが、この熾床を作るためにドアを開けておく必要があり、かなりの薪を消費して薪ストーブ本体の温度も思ったように上がりません。

二次燃焼への切り替え時は薪の状態や炉内の状況にもよりますが、250℃程度でも二次燃焼が見事に機能したり、300℃近くまで上がっていても機能しないことも。二次燃焼稼働はトップではなく本体背部のフレックスバーン部の温度次第のようですが、それをコントロールするのにはしばらく時間が掛りそうです。

今のところ気に入っているのは、空気の量が少ないが故に、ダンパー全開の一次燃焼で、昔流行ったオーロラ燃焼を思わせるゆらゆら燃焼と、上部から左右に代わったエアーカーテンの噴出し口から炎がガラス面を中心に向かってふわっふわっと横に流れるⅡでは想像できない幻想的？な眺めです。

まだまだ経験不足により上手く焚けていないことが原因で、本来の機能が発揮されていないのかもしれませんが、圧倒的にガラスが曇らないことや煙が少ないことは驚きでした。

お気に入りのアルバムを聴いていて、どの曲にも特長的な「間」があることに気づいた。音楽における「間」とは何か。理屈から言えばリズム、拍の微妙なズレではないかと思う。この微妙なズレが心地よさの源ではないかと。例題を元に考えてみよう。

**堀口 富生　薪ストーブ歴：21 年 スキャン CI-1G CB**

# Woodstove Life Music《ウッドストーブ ライフ ミュージック》

音楽における「間(ま)」を考えてみたい。
これがわかると
より一層楽曲の深みが感じられる。

## 極端なまでのズレまくり、心がささくれだつほどの印象

「おふくろさん」
1971 年

### 森　進一
(モリ　シンイチ)

試しに拍子通りに歌ってみて欲しい。どうだろう、こんなにつまらない歌だったかと思い知る。で、彼の歌を聴いてみてほしい。いかに彼の歌う拍子がズレまくっているかわかる。でも、このズレ(間)こそが曲に深みを加えているのだと気付くのではないか。例えはまったく違うが、スキーのテールのズレの心地よさと相通ずるものがあると思っている。あるいは、ウィーンフィルの「美しく青きドナウ」の三拍子の二拍目のズレ。なるほどね、これが「間」だと理解してもらえただろうか。

## ビブラフォンのビブラートがさらにズレを誘発する

「Concorde」
1955 年

### The Modern Jazz Quartet (MJQ)
(モダン・ジャズ・カルテット)

個人的にビブラフォンという楽器が好きだ。鉄琴の共鳴管に仕込んだ丸板を回転させることでビブラートを発生させる。この楽器をジャズで使用したのがミルト・ジャクソンであり、MJQである。微妙な音のズレ(間)とビブラフォンのビブラートは、ジャズでいうところの揺れ感(スウィング)を生むのかもしれない。なんともいえない心地よいスウィングが魅力的である。揺れ感があるのにクール(涼しい)なのだ。それは、素材であるアルミ合金が生み出すクールさかもしれない。

## トリオ編成による削ぎ落された音と絶妙な間の取り方に酔いしれる

「Waltz for Debby」
1961 年

### Bill Evans Trio
(ビル・エヴァンス・トリオ)

ビル・エバンスの間の取り方もすばらしいのだが、よく聴くとベースのスコット・ラファロのズレも半端ない。ピアノとベースがズレズレではまとまらないと思えるが、それをポール・モチアンのドラムスがしっかりと引き締めている感じがする。この三人による削ぎ落された音は、まるで17文字まで削ぎ落された言葉によるジャズとも言える俳句に通じないか。日本で通算50万枚も売り上げたといわれるこのアルバムは、そんな俳句のような音楽が成立したからこその産物ではないのか。

## ANOTHER ONE

**「美しく青きドナウ」にもある拍子のズレ　ウィーンフィルハーモニー管弦楽団**

QR コードを読み取って YouTube で聴いてみてほしい。三拍子の二拍目が早めに打たれていることに気づく。ウンチャッチャではなく、ンチャッチャなのだ。ウィーンフィル独特の拍子らしい。こんなところにも拍子のズレ（間）があるのが楽しい。

# 主要薪ストーブ
# データ&ファイル

左のマークはこの号で初掲載のモデルです。

■写真右上に数字がある場合は、弊誌で特集しています。詳しくお知りにないたい場合は、バックナンバーをご覧下さい。

## カタログスペックの解説

燃焼方式：輻射熱・対流熱の放熱タイプと二次燃焼の方式を表示
最大薪長さ：薪ストーブに投入可能な薪の長さを表したもの
材質：本体の主要な材質を表示
幅×奥行き×高さ：薪ストーブ本体のサイズ
重量：薪ストーブ本体の重さ
暖房能力：燃焼室で最大限に薪を燃やした時に発生する熱量(メーカーによって計測条件は異なる)
最大暖房面積：最大暖房能力時に暖められる面積(メーカーによって計測条件は異なる)
価格：薪ストーブ本体の価格のみ(税込価格)
※実際の薪ストーブの設置にはこの他に取り付け施工費、煙突料金などが加わる

■薪ストーブの各生産国で分類
■データは2025年2月中現在のものです

## ノルウェー

### ヨツール

オールフ・アーデルステン・オンスム氏によって1853年に創業したヨツールは、老舗中の老舗薪ストーブメーカー。ノルウェー国内での販売はトップシェアを誇る。世界43か国に6万台が輸出されるほどの人気ブランドである。1980年代から排気ガス低減を研究し、現在の再燃焼方式の雄“クリーンバーン”をいち早く開発・搭載したことでも知られている。モダンラインとクラシックラインの2デザインに分かれる。

#### ヨツール F 134

| | |
|---|---|
| 燃焼方式 / 再燃焼方式 | 輻射熱式/CB |
| 最大薪長さ（mm） | 250 |
| 材質 | 鋳鉄 |
| 幅×奥行き×高さ（mm） | 410×396×1,098 |
| 重量（kg） | 140 |
| 暖房性能（kW） | 7.0 |
| 最大暖房面積（㎡） | 101 |
| 価格（円） | 726,000 |

#### ヨツール F 174

| | |
|---|---|
| 燃焼方式 / 再燃焼方式 | 輻射熱・対流熱複合式/CB |
| 推奨薪長さ（mm） | 200～230 |
| 材質 | 鋳鉄 |
| 幅×奥行き×高さ（mm） | 540×415×1,400 |
| 重量（kg） | 169 |
| 暖房性能（kW） | 3～8 |
| 最大暖房面積（㎡） | 100 |
| 価格（円） | 1,298,000 |

◀◀◀

メイク　TEL 029-841-5147　http://jotul.co.jp/

#### ヨツール F 200

| | |
|---|---|
| 燃焼方式 / 再燃焼方式 | 輻射熱式/CB |
| 最大薪長さ（mm） | 400 |
| 材質 | 鋳鉄 |
| 幅×奥行き×高さ（mm） | 561×755×472 |
| 重量（kg） | 138 |
| 暖房性能（kW） | 8.6 |
| 最大暖房面積（㎡） | 122 |
| 価格（円） | 539,000 |

#### ヨツール F 373V2 アドバンス

| | |
|---|---|
| 燃焼方式 / 再燃焼方式 | 輻射熱・対流熱複合式/CB |
| 最大薪長さ（mm） | 330 |
| 材質 | 鋳鉄 |
| 幅×奥行き×高さ（mm） | 443×453×1,155 |
| 重量（kg） | 156 |
| 暖房性能（kW） | 7,740 |
| 暖房面積（㎡） | 129 |
| 価格（円） | 913,000 |

#### ヨツール F 602 ECO

| | |
|---|---|
| 燃焼方式 / 再燃焼方式 | 輻射熱式/CB |
| 最大薪長さ（mm） | 400 |
| 材質 | 鋳鉄 |
| 幅×奥行き×高さ（mm） | 320×637×540 |
| 重量（kg） | 86 |
| 暖房性能（kW） | 7.5 |
| 暖房面積（㎡） | 108 |
| 価格（円） | 319,000円 |

◀◀◀

メイク　TEL 029-841-5147　http://jotul.co.jp/ ▶

ヨツール F 305

| | |
|---|---|
| 燃焼方式 / 再燃焼方式 | 輻射熱式/CB |
| 最大薪長さ (mm) | 410 |
| 材質 | 鋳鉄 |
| 幅×奥行き×高さ (mm) | 560×420×850 |
| 重量 (kg) | 169 |
| 暖房性能 (kW) | 10.0 |
| 暖房面積 (㎡) | 144 |
| 価格 (円) | 638,000～ |

ヨツール F 520 HT

| | |
|---|---|
| 燃焼方式 / 再燃焼方式 | 輻射熱式/CB |
| 最大薪長さ (mm) | 500 |
| 材質 | 鋳鉄 |
| 幅×奥行き×高さ (mm) | 594×532×1,319 |
| 重量 (kg) | 201 |
| 暖房性能 (kW) | 10.0 |
| 最大暖房面積 (㎡) | 144 |
| 価格 (円) | 1,375,000(受注発注品) |

ヨツール F 520

| | |
|---|---|
| 燃焼方式 / 再燃焼方式 | 輻射熱式/CB |
| 最大薪長さ (mm) | 500 |
| 材質 | 鋳鉄 |
| 幅×奥行き×高さ (mm) | 594×532×1,000 |
| 重量 (kg) | 170 |
| 暖房性能 (kW) | 10.0 |
| 最大暖房面積 (㎡) | 144 |
| 価格 (円) | 1,067,000～ |

◀◀◀

メイク　TEL 029-841-5147　http://jotul.co.jp/ ◀

ヨツール F 500 ECO

| | |
|---|---|
| 燃焼方式 / 再燃焼方式 | 輻射熱式/CB |
| 最大薪長さ (mm) | 550 |
| 材質 | 鋳鉄 |
| 幅×奥行き×高さ (mm) | 793×713×720 |
| 重量 (kg) | 200 |
| 暖房性能 (kW) | 13.9 |
| 暖房面積 (㎡) | 200 |
| 価格 (円) | 726,000～ |

ヨツール F 400 ECO

| | |
|---|---|
| 燃焼方式 / 再燃焼方式 | 輻射熱式/CB |
| 最大薪長さ (mm) | 500 |
| 材質 | 鋳鉄 |
| 幅×奥行き×高さ (mm) | 653×727×605 |
| 重量 (kg) | 158 |
| 暖房性能 (kW) | 10.6 |
| 暖房面積 (㎡) | 152 |
| 価格 (円) | 649,000～ |

ヨツール F 163

| | |
|---|---|
| 燃焼方式 / 再燃焼方式 | 輻射熱式/CB |
| 最大薪長さ (mm) | 330 |
| 材質 | 鋳鉄 |
| 幅×奥行き×高さ (mm) | 450×447×903 |
| 重量 (kg) | 115 |
| 暖房性能 (kW) | 9.3 |
| 暖房面積 (㎡) | 134 |
| 価格 (円) | 550,000 |

▶▶▶

メイク　TEL 029-841-5147　http://jotul.co.jp/ ◀

コンツーラ C810G マーニー

| | |
|---|---|
| 燃焼方式 / 再燃焼方式 | 輻射熱式/CB |
| 最大薪長さ (mm) | 330 |
| 材質 | 鋳鉄+鋼板 |
| 幅×奥行×高さ (mm) | 465×365×950 |
| 重量 (kg) | 80 |
| 暖房性能 (kW) | 5.0(定格) |
| 最大暖房面積 (㎡) | — |
| 価格 (円) | 555,500 |

コンツーラ C51 ヤンソン

| | |
|---|---|
| 暖房方式 / 再燃焼方式 | 輻射熱式 /CB |
| 最大薪長さ (mm) | 350 |
| 材質 | 鋳鉄 |
| 幅×奥行き×高さ (mm) | 495 × 420 × 825 |
| 重量 (kg) | 128 |
| 暖房性能 (kW) | 5.0 |
| 最大暖房面積 (㎡) | —— |
| 価格 (円) | 484,000 |

◀◀◀

メトス　TEL 03-3542-0333　http://metos.co.jp/

## スウェーデン

## コンツーラ

スウェーデン南部のスモーランド地方という緑に囲まれた豊かな自然の中で生まれた薪ストーブの傑作コンツーラ。ヨーロッパを代表する薪ストーブメーカーである NIBE 社のコンツーラは「薪ストーブの王様」と呼ばれている。熱効率を極めた燃焼方式や本体表面温度を低く抑える二重構造といった機能性、安全性への配慮が魅力。デザイン性の高さもポイント。シンプルかつモダンな外観は主張しすぎることなくインテリアと調和する。炎の鑑賞に適した大型の窓がスタイリッシュな癒やしの空間を演出する。

2B-R スタンダード CB

| | |
|---|---|
| 燃焼方式 / 再燃焼方式 | 輻射熱式/CB |
| 最大薪長さ（mm） | 450 |
| 材質 | 鋳鉄 |
| 幅×奥行き×高さ（mm） | 328×718×708 |
| 重量（kg） | 61 |
| 暖房性能（kW） | 5.0 |
| 最大暖房面積（㎡） | 90 |
| 価格（円） | 352,000 |

◀◀◀ 新宮商行 TEL 047-361-3800

## デンマーク

# モルソー

鋳鉄所に務めていたN・Aクリステンセン氏が一念発起して1853年に設立された鋳鉄工場「N・Aクリステンセン」が前身のモルソー。20世紀に入ると教会や学校などの公共施設にも供給を始めた。1900年代初めには宮廷にも設置されるようになり、その業績から皇帝陛下御用達の称号を授かった。長年頑なに鋳鉄製薪ストーブのみを製造していたが、近年デザイン性を重視したスチール製薪ストーブも手がけるようになった。

コンツーラ 35L リンネ

| | |
|---|---|
| 燃焼方式 / 再燃焼方式 | 輻射熱式/CB |
| 最大薪長さ（mm） | 500 |
| 材質 | 鋳鉄＋鋼板 |
| 幅×奥行き×高さ（mm） | 550 × 430 × 1,100 |
| 重量（kg） | 116 |
| 暖房性能（kW） | 5.0 |
| 暖房面積（㎡） | – |
| 価格（円） | 693,000 |

▶▶▶ メトス http://metos.co.jp/ ◀

7140 CB

| | |
|---|---|
| 燃焼方式 / 再燃焼方式 | 対流熱式/CB |
| 最大薪長さ（mm） | 420 |
| 材質 | 鋳鉄 |
| 幅×奥行き×高さ（mm） | 575×564×740 |
| 重量（kg） | 150 |
| 暖房性能（kW） | 5.4 |
| 最大暖房面積（㎡） | 135 |
| 価格（円） | 616,000 |

7110 CB

| | |
|---|---|
| 燃焼方式 / 再燃焼方式 | 輻射熱式/CB |
| 最大薪長さ（mm） | 420 |
| 材質 | 鋳鉄 |
| 幅×奥行き×高さ（mm） | 575×564×740 |
| 重量（kg） | 140 |
| 暖房性能（kW） | 5.4 |
| 最大暖房面積（㎡） | 135 |
| 価格（円） | 517,000 |

1442CB

| | |
|---|---|
| 暖房方式 / 再燃焼方式 | 対流熱式/CB |
| 最大薪長さ（mm） | 280 |
| 材質 | 鋳鉄 |
| 幅×奥行き×高さ（mm） | 435×435×715 |
| 重量（kg） | 85 |
| 暖房性能（kW） | 5.0 |
| 最大暖房面積（㎡） | 75 |
| 価格（円） | 407,000(受注発注品) |

◀◀◀ 新宮商行 TEL 047-361-3800 https://www.andersen-stove.jp ◀

3610 CB

| | |
|---|---|
| 燃焼方式 / 再燃焼方式 | 輻射熱式/CB |
| 最大薪長さ（mm） | 580 |
| 材質 | 鋳鉄 |
| 幅×奥行き×高さ（mm） | 742×607×797 |
| 重量（kg） | 195 |
| 暖房性能（kW） | 9.0 |
| 最大暖房面積（㎡） | 210 |
| 価格（円） | 792,000 |

1126 CB

| | |
|---|---|
| 燃焼方式 / 再燃焼方式 | 対流熱式/CB |
| 最大薪長さ（mm） | 360 |
| 材質 | 鋳鉄 |
| 幅×奥行き×高さ（mm） | 570×560×860 |
| 重量（kg） | 140 |
| 暖房性能（kW） | 7.8 |
| 最大暖房面積（㎡） | 150 |
| 価格（円） | 638,000 |

6140 CB

| | |
|---|---|
| 燃焼方式 / 再燃焼方式 | 対流熱式/CB |
| 最大薪長さ（mm） | 300 |
| 材質 | 鋳鉄＋鋼板 |
| 幅×奥行き×高さ（mm） | 451×386×753 |
| 重量（kg） | 105 |
| 暖房性能（kW） | 5.9 |
| 最大暖房面積（㎡） | 90 |
| 価格（円） | 539,000 |

◀◀◀ 新宮商行 TEL 047-361-3800 https://www.andersen-stove.jp ◀

## スキャン 67 1300

| | |
|---|---|
| 燃焼方式 / 再燃焼方式 | 輻射熱・対流熱複合式/CB |
| 最大薪長さ（mm） | 330 |
| 材質 | 鋼板 |
| 幅×奥行き×高さ（mm） | 450×407×1,300 |
| 重量（kg） | 114 |
| 暖房性能（kW） | 3～8 |
| 最大暖房面積（㎡） | 100 |
| 価格（円） | 1,298,000 |

◀◀◀ メイク　TEL 029-841-5147

デンマーク

# スキャン

1978年に創業のスキャン。薪ストーブを「ヒーティング・ファニチャー」と呼ぶなど、薪ストーブを単なる暖房器具として考えず、室内の家具・調度品としてデザインを行っている。燃焼技術も高く、北欧のスワンラベルをはじめ、さまざまな基準をクリアしている。従来の枠にとらわれない形状や素材を使い、斬新なデザインの薪ストーブを生産し続けている。近年、ノルウェーの薪ストーブメーカー・ヨツール社の傘下となった。

## 3640CB

| | |
|---|---|
| 暖房方式 / 再燃焼方式 | 対流熱式/CB |
| 最大薪長さ（mm） | 580 |
| 材質 | 鋳鉄 |
| 幅×奥行き×高さ（mm） | 742×607×797 |
| 重量（kg） | 206 |
| 暖房性能（kW） | 9.0 |
| 最大暖房面積（㎡） | 210 |
| 価格（円） | 968,000（受注発注品） |

▶▶▶ 新宮商行　https://www.andersen-stove.jp ◀

## スキャン 87

| | |
|---|---|
| 燃焼方式 / 再燃焼方式 | 対流熱式/CB |
| 最大薪長さ（mm） | 400～500 |
| 材質 | 鋼板＋鋳鉄 |
| 幅×奥行き×高さ（mm） | 699×630×1,886 |
| 重量（kg） | 273 |
| 暖房性能（kW） | 5.0～14.0 |
| 最大暖房面積（㎡） | 230 |
| 価格（円） | 1,166,000 |

## スキャン 84

| | |
|---|---|
| 暖房方式 / 再燃焼方式 | 対流熱式/CB |
| 最大薪長さ（mm） | 350 |
| 材質 | 鋼板 |
| 幅×奥行き×高さ（mm） | 493×464×1,250 |
| 重量（kg） | 122 |
| 暖房性能（kW） | 8.0 |
| 最大暖房面積（㎡） | 100 |
| 価格（円） | 803,000～ |

## スキャン 85

| | |
|---|---|
| 燃焼方式 / 再燃焼方式 | 対流熱式/CB |
| 最大薪長さ（mm） | 300～500 |
| 材質 | 鋼板＋鋳鉄 |
| 幅×奥行き×高さ（mm） | 520×520×1,464～1,865 |
| 重量（kg） | 210～320 |
| 暖房性能（kW） | 10.0 |
| 最大暖房面積（㎡） | 160 |
| 価格（円） | 902,000～ |

◀◀◀ メイク　TEL 029-841-5147　http://scan-stove.jp ◀

## ILD 9

| | |
|---|---|
| 燃焼方式 / 再燃焼方式 | 輻射熱式/CB |
| 最大薪長さ（mm） | 330 |
| 材質 | 鋼板 |
| 幅×奥行き×高さ（mm） | 564×386×996 |
| 重量（kg） | 99 |
| 暖房性能（kW） | 10.0 |
| 最大暖房面積（㎡） | 130 |
| 価格（円） | 495,000 |

## ILD 7

| | |
|---|---|
| 燃焼方式 / 再燃焼方式 | 輻射熱式/CB |
| 最大薪長さ（mm） | 250 |
| 材質 | 鋼板 |
| 幅×奥行き×高さ（mm） | 470×361×920 |
| 重量（kg） | 77 |
| 暖房性能（kW） | 8.0 |
| 最大暖房面積（㎡） | 106 |
| 価格（円） | 418,000 |

## スキャン 65

| | |
|---|---|
| 燃焼方式 / 再燃焼方式 | 対流熱式/CB |
| 最大薪長さ（mm） | 300 |
| 材質 | 鋼板＋鋳鉄 |
| 幅×奥行き×高さ（mm） | 490×380×1,132 |
| 重量（kg） | 123～180 |
| 暖房性能（kW） | 8.0 |
| 最大暖房面積（㎡） | 120 |
| 価格（円） | 594,000～ |

▶▶▶ メイク　TEL 029-841-5147　http://scan-stove.jp ◀

## ネクソー 100

| | |
|---|---|
| 暖房方式 / 再燃焼方式 | 輻射・対流熱複合式/CB |
| 最大薪長さ（mm） | 300 |
| 材質 | 鋼板 |
| 幅×奥行き×高さ（mm） | 446×398×1,025 |
| 重量（kg） | 125 |
| 暖房性能（kW） | 7.0 |
| 最大暖房面積（㎡） | 105 |
| 価格（円） | 767,800 |

## Q-TEE 2

| | |
|---|---|
| 暖房方式 / 再燃焼方式 | 輻射・対流熱複合式/CB |
| 最大薪長さ（mm） | 400 |
| 材質 | 鋼板 |
| 幅×奥行き×高さ（mm） | 582×410×883 |
| 重量（kg） | 147 |
| 暖房性能（kW） | 8.0 |
| 最大暖房面積（㎡） | 120 |
| 価格（円） | 633,600 |

◀◀◀ ダッチウエストジャパン　TEL 0155-24-6085　https://rais-stove.jp/

デンマーク

## ライス

ライス社は、著名な芸術家たちが暮らしていたフレデリクスハウンに本拠をもつ1970年に創業されたプレミアム薪ストーブメーカー。質感や触感にまで上質を追求した薪ストーブ群は、そのスピリットとして“薪ストーブのバング＆オルフセン”と言わしめている。ネクソー100は、シンプルであらゆる空間にマッチする多様性を備えたデザイン。フロントドアと両サイドに大きなガラス窓があり、部屋のどこかに居ても素晴らしい炎が堪能できる。

## RAIS500

| | |
|---|---|
| 燃焼方式 / 再燃焼方式 | 輻射・対流熱複合式/CB |
| 最大薪長さ（mm） | 500 |
| 材質 | 鋼板 |
| 幅×奥行き×高さ（mm） | 764×449×506（ガラス） |
| 重量（kg） | 110 |
| 暖房性能（kW） | 8.0 |
| 最大暖房面積（㎡） | 120 |
| 価格（円） | オープン価格（受注発注品） |

## Q-TEE2 クラシック US

| | |
|---|---|
| 燃焼方式 / 再燃焼方式 | 輻射・対流熱複合式/CB |
| 最大薪長さ（mm） | 400 |
| 材質 | 鋼板 |
| 幅×奥行き×高さ（mm） | 582×410×764 |
| 重量（kg） | 130 |
| 暖房性能（kW） | 8.0 |
| 最大暖房面積（㎡） | 120 |
| 価格（円） | 635,800～ |

## カロ 90

| | |
|---|---|
| 暖房方式 / 再燃焼方式 | 輻射・対流熱複合式/CB |
| 最大薪長さ（mm） | 300 |
| 材質 | 鋼板 |
| 幅×奥行き×高さ（mm） | 486×407×920 |
| 重量（kg） | 126 |
| 暖房性能（kW） | 7.0 |
| 最大暖房面積（㎡） | 105 |
| 価格（円） | 616,000 |

▶▶▶ ダッチウエストジャパン　TEL 0155-24-6085　https://rais-stove.jp/ ◀

## ワム 3630 SmartControl

| | |
|---|---|
| 燃焼方式 / 再燃焼方式 | 輻射熱式/CB |
| 最大薪長さ（mm） | 400 |
| 材質 | 鋼板 |
| 幅×奥行き×高さ（mm） | 556×451×1,147 |
| 重量（kg） | 135 |
| 暖房性能（kW） | 3.0～9.0 |
| 最大暖房面積（㎡） | 170 |
| 価格（円） | 880,000 |

## ワム クラシック 4

| | |
|---|---|
| 燃焼方式 / 再燃焼方式 | 対流熱式/CB |
| 最大薪長さ（mm） | 330 |
| 材質 | 鋼板 |
| 幅×奥行き×高さ（mm） | 600×400×1,099（本体+オーブン） |
| 重量（kg） | 178 |
| 暖房性能（kW） | 3.0～8.0 |
| 最大暖房面積（㎡） | 150 |
| 価格（円） | 528,000（本体） |

◀◀◀ エープラス　TEL 0265-94-6121　https://www.aplusinc.jp

デンマーク

## ワム

1976年、ヴァン・ヴァム・ペテルセン氏が創業。創業当初から「機能的であり、暖房能力が高く、美しさも兼ね備えなければならない」というポリシーを貫いている。現在ヨーロッパの主流となっている縦型モダンタイプを生み出したことでも有名。内蔵されたコンピュータで最適な燃焼をコントロールする最新鋭のスマートコントロールモデルもラインアップ。

## デンマーク

# ターマテック

高級薪ストーブと低品質な薪ストーブのギャップを埋めるため、デンマークに設立されたターマテック社。2005 年から薪ストーブとアクセサリーの製造と販売を開始。ユーザーの求める様々な要求に応えることで薪ストーブや煙突の分野において欧州で支持を得ている。美しいデザインと優れた品質、リーズナブルな価格を最高のバランスで実現するという哲学のもと、ユーザーフレンドリーな製品を生み出している。

### ワム 5530m

| | |
|---|---|
| 暖房方式 / 再燃焼方式 | 輻射熱式/CB |
| 最大薪長さ（mm） | 400 |
| 材質 | 鋼板 |
| 幅×奥行き×高さ（mm） | 900×450×1,685 |
| 重量（kg） | 187 |
| 暖房性能（kW） | 3.0～8.0 |
| 最大暖房面積（㎡） | 150 |
| 価格（円） | 1,056,000（本体） |

### ワム 4660m サンドストーン

| | |
|---|---|
| 暖房方式 / 再燃焼方式 | 輻射熱式/CB |
| 最大薪長さ（mm） | 450 |
| 材質 | 鋼板＋サンドストーン |
| 幅×奥行き×高さ（mm） | 630×406×1,388 |
| 重量（kg） | 252 |
| 暖房性能（kW） | 3.0～9.0 |
| 最大暖房面積（㎡） | 180 |
| 価格（円） | 1,386,000（SmartControl） |

▶▶▶ エープラス　TEL 0265-94-6121　https://www.aplusinc.jp ◀

### TT22R

| | |
|---|---|
| 暖房方式 / 再燃焼方式 | 対流熱式/CB |
| 最大薪長さ（mm） | 500 |
| 材質 | 鋼板 |
| 幅×奥行き×高さ（mm） | 756×476×958 |
| 重量（kg） | 168 |
| 暖房性能（kW） | 10.0 |
| 最大暖房面積（㎡） | 160 |
| 価格（円） | 550,000 |

### TT80

| | |
|---|---|
| 暖房方式 / 再燃焼方式 | 対流熱式/CB |
| 最大薪長さ | 400mm |
| 材質 | 鋼板 |
| 幅×奥行き×高さ（mm） | 560×372×1,204mm |
| 重量（kg） | 185 |
| 暖房性能（kW） | 7.0 |
| 最大暖房面積（㎡） | 80 |
| 価格（円） | 649,000 |

### TT20BAZIC R

| | |
|---|---|
| 暖房方式 / 再燃焼方式 | 対流熱式/CB |
| 最大薪長さ（mm） | 320 |
| 材質 | 鋼板 |
| 幅×奥行き×高さ（mm） | 531×419×956 |
| 重量（kg） | 110 |
| 暖房性能（kW） | 7.0 |
| 最大暖房面積（㎡） | 120 |
| 価格（円） | 352,000 |

▶▶▶ ターマテック・ジャパン https://termatech.jp

### エクリプス ソープストーン+オーブン

| | |
|---|---|
| 暖房方式 / 再燃焼方式 | 輻射・対流熱複合式/CB |
| 最大薪長さ（mm） | 450 |
| 材質 | 鋼板＋鋳鉄+ソープストーン |
| 幅×奥行き×高さ（mm） | 645×447×1,350 |
| 重量（kg） | 249 |
| 暖房性能（kW） | 3.0～11.0 |
| 最大暖房面積（㎡） | 133 |
| 価格（円） | 1,073,600 |

### ノルン ソープストーン＋オーブン

| | |
|---|---|
| 燃焼方式 / 再燃焼方式 | 輻射熱式/CB |
| 最大薪長さ（mm） | 400 |
| 材質 | 鋼板＋鋳鉄＋ソープストーン |
| 幅×奥行き×高さ（mm） | 570×498×1,210 |
| 重量（kg） | 229 |
| 暖房性能（kW） | 3.0～9.0 |
| 最大暖房面積（㎡ ） | 120 |
| 価格（円） | 957,000 |

◀◀◀ ファイヤーサイド　https://www.firesidestove.com/

## デンマーク

# ヒタ

デンマークの西、レムヴィに工場を構えるヒタ社は「信頼」をポリシーに掲げ、デザインと機能の調和がとれた薪ストーブの製造を 30 年以上続けている。最新のテクノロジーとクラフトマンシップが紡ぐ商品群は、洗練されたスタイルで欧州各国でも人気を得ている。ノーブルさと蓄熱性を兼ね備えた天然石ブラックウッドやソープストーンのモデル、オーブン料理を楽しめるモデルをラインナップに揃えるなど、ますます充実している。どのモデルにも 5 年間の長期保証が付帯する。

### ロギ ソープストーン + オーブン

| | |
|---|---|
| 燃焼方式 / 再燃焼方式 | 輻射・対流熱式/CB |
| 最大薪長さ（mm） | 500 |
| 材質 | 鋼板 + 鋳鉄 + ソープストーン |
| 幅×奥行き×高さ（mm） | 768×476×1,305 |
| 重量（kg） | 320 |
| 暖房性能（kW） | 4.0〜14.0 |
| 最大暖房面積（㎡） | 200 |
| 価格（円） | 1,226,500 |

### スクルド

| | |
|---|---|
| 暖房方式 / 再燃焼方式 | 輻射・対流熱複合式/CB |
| 最大薪長さ（mm） | 400 |
| 材質 | 鋼板 + 鋳鉄 |
| 幅×奥行き×高さ（mm） | 515×421×1,191 |
| 重量（kg） | 147 |
| 暖房性能（kW） | 4.0〜12.0 |
| 最大暖房面積（㎡） | 140 |
| 価格（円） | 812,900 |

### アンビション

| | |
|---|---|
| 燃焼方式 / 再燃焼方式 | 輻射熱式/CB |
| 最大薪長さ（mm） | 450 |
| 材質 | 鋼板 + 鋳鉄 |
| 幅×奥行き×高さ（mm） | 550×418×913 |
| 重量（kg） | 131 |
| 暖房性能（kW） | 4.0〜12.0 |
| 最大暖房面積（㎡） | 130 |
| 価格（円） | 495,000 |

▶▶▶ ファイヤーサイド https://www.firesidestove.com/ ◀

### グランデノーブル

| | |
|---|---|
| 暖房方式 / 再燃焼方式 | 輻射熱式/CB |
| 最大薪長さ（mm） | 400 |
| 材質 | ソープストーン + 鋳鉄 |
| 幅×奥行き×高さ（mm） | 630×430×690 |
| 重量（kg） | 180 |
| 暖房性能（kW） | 11.0 |
| 最大暖房面積（㎡） | 210 |
| 価格（円） | 792,000 |

### グランデノーブル・デポ

| | |
|---|---|
| 燃焼方式 / 再燃焼方式 | 輻射熱式/CB |
| 最大薪長さ（mm） | 400 |
| 材質 | ソープストーン+鋳鉄 |
| 幅×奥行き×高さ（mm） | 630×430×790 |
| 重量（kg） | 230 |
| 暖房性能（kW） | 11.0 |
| 最大暖房面積（㎡） | 210 |
| 価格（円） | 858,000 |

◀◀◀ ひのき家 TEL 0598-86-3709 https://www.hinokiya-stove.com

**オランダ**

## アルテック

オランダ・ヘルダーランド州に本社と工場をもつ創立 35 年になる世界でも珍しいソープストーン製薪ストーブの専門メーカー。最小限の薪消費と最大減の熱効率を保証する。10 機種以上のラインナップを持ち、表面処理やカラーなどのバリエーションも豊富にもつ。現在でも一台一台手作りにこだわっている。心地よく豊かで流れのない輻射熱は健康にも良いとされている。

### ネスターマーティン S33

| | |
|---|---|
| 暖房方式 / 再燃焼方式 | 輻射熱式/WOODBOX多次燃焼式 |
| 最大薪長さ（mm） | 400 |
| 材質 | 鋳鉄 |
| 幅×奥行き×高さ（mm） | 635×412×770 |
| 重量（kg） | 150 |
| 暖房性能（kcal/h） | 10,320 |
| 最大暖房面積（㎡） | 130 |
| 価格（円） | 544,500〜 |

◀◀◀ 京阪エンジニアリング 0120 0120-88-4541

**ベルギー**

## ネスターマーティン

1854 年、銅細工師ネスターマーティンによって設立された、世界的な暖房器具メーカー。いち早くストーブに装飾性を求め、アーティスティックなストーブを生み出した。そのスタンスは今も変わっていない。また、炎にも美を求め、いかに足の長い揺らめく魅力的なものにするかを研究。そして完成したのが WOODBOX 多次燃焼システム。再燃焼を何重にも行うことで炎の足を長くし、不完全燃焼ガスをとことん燃やすシステムである。

### グランデ・ノーブル コンプリート

| | |
|---|---|
| 燃焼方式 / 再燃焼方式 | 輻射熱式/CB |
| 最大薪長さ（mm） | 400 |
| 材質 | ソープストーン+鋳鉄 |
| 幅×奥行き×高さ（mm） | 630×430×1,090 |
| 重量（kg） | 280 |
| 暖房性能（kW） | 11.0 |
| 最大暖房面積（㎡） | 210 |
| 価格（円） | 1,155,000 |

▶▶▶ ひのき家 https://www.hinokiya-stove.com ◀

## ネスターマーティン S43

| | |
|---|---|
| 燃焼方式 / 再燃焼方式 | 輻射熱式/WOODBOX燃焼方式 |
| 最大薪長さ（mm） | 500 |
| 材質 | 鋳鉄 |
| 幅×奥行き×高さ（mm） | 735×472×803 |
| 重量（kg） | 190 |
| 暖房性能（kcal/h） | 12,040 |
| 最大暖房面積（㎡） | 150 |
| 価格（円） | 643,500～ |

## ネスターマーティン TQ33

| | |
|---|---|
| 燃焼方式 / 再燃焼方式 | 輻射熱式/WOODBOX燃焼方式 |
| 最大薪長さ（mm） | 400 |
| 材質 | 鋼板 |
| 幅×奥行き×高さ（mm） | 576×434×1,032 |
| 重量（kg） | 203（本体＋台座） |
| 暖房性能（kcal/h） | 10,320 |
| 最大暖房面積（㎡） | 125 |
| 価格（円） | 874,500 |

## ネスターマーティン MQ33

| | |
|---|---|
| 燃焼方式 / 再燃焼方式 | 輻射熱式/WOODBOX多次燃焼方式 |
| 最大薪長さ（mm） | 400 |
| 材質 | 鋳鉄＋鋼板 |
| 幅×奥行き×高さ（mm） | 612×457×975 |
| 重量（kg） | 209（本体+台座） |
| 暖房性能（kcal/h） | 10,320 |
| 最大暖房面積（㎡） | 125 |
| 価格（円） | 869,000 |

◀◀◀ 京阪エンジニアリング 0120-88-4541 https://www.handinhandjp.com ◀

## ベルギー

# ドブレ

最先端の鋳物製造技術を持った鋳鉄専門メーカーとして、工業製品の部品や暖房器具の製造から始まったドブレの商品は「薪ストーブの代名詞」と呼ばれる。性能、デザイン、コストパフォーマンスなどトータルバランスに優れている。クラシカルな外観と伝統的な製法にこだわりつつ、機能面での改良にも手を抜かない同社の製品は、環境への配慮や燃焼効率の良さも評価されている。

## ネスターマーティン TQH33

| | |
|---|---|
| 燃焼方式 / 再燃焼方式 | 輻射熱式/WOODBOX多次燃焼方式 |
| 最大薪長さ（mm） | 400（縦置き時550） |
| 材質 | 鋼板 |
| 幅×奥行き×高さ（mm） | 576×434×1,294 |
| 重量（kg） | 253（本体+台座） |
| 暖房性能（kcal/h） | 12,040 |
| 最大暖房面積（㎡） | 150 |
| 価格（円） | 982,300 |

## M43

| | |
|---|---|
| 燃焼方式 / 再燃焼方式 | 輻射熱式/WOODBOX燃焼方式 |
| 最大薪長さ（mm） | 500 |
| 材質 | 鋳鉄 |
| 幅×奥行き×高さ（mm） | 696×413×881 |
| 重量（kg） | 197 |
| 暖房性能（kcal/h） | 12,040 |
| 最大暖房面積（㎡） | 150 |
| 価格（円） | 797,500～ |

▶▶▶ 京阪エンジニアリング 0120-88-4541 https://www.handinhandjp.com ◀

## ドブレ ヴィンテージ 50

| | |
|---|---|
| 燃焼方式 / 再燃焼方式 | 輻射熱式/CB |
| 最大薪長さ（mm） | 500 |
| 材質 | 鋳鉄 |
| 幅×奥行き×高さ（mm） | 690×445×690 |
| 重量（kg） | 155 |
| 暖房性能（kW） | 9.0（定格） |
| 最大暖房面積（㎡） | 72.9 |
| 価格（円） | 613,800 |

## ドブレ SAGA107

| | |
|---|---|
| 暖房方式 / 再燃焼方式 | 輻射熱式/CB |
| 最大薪長さ（mm） | 350 |
| 材質 | 鋳鉄 |
| 幅×奥行き×高さ（mm） | 430×575×730 |
| 重量（kg） | 105 |
| 暖房性能（kW） | 7.0（定格） |
| 最大暖房面積（㎡） | —— |
| 価格（円） | 396,000 |

## ドブレ SAGA 101

| | |
|---|---|
| 暖房方式 / 再燃焼方式 | 輻射熱式/CB |
| 最大薪長さ（mm） | 350 |
| 材質 | 鋳鉄 |
| 幅×奥行き×高さ（mm） | 430×575×730 |
| 重量（kg） | 108 |
| 暖房性能（kW） | 7.0（定格） |
| 最大暖房面積（㎡） | —— |
| 価格（円） | 363,000 |

◀◀◀ メトス TEL 03-3542-0333 http://metos.co.jp/

ドイツ

## スキャンサーム

1981 年創業のスキャンサームは、欧州において近年最も成功した薪ストーブメーカーと言われている。その理由は、ドイツ国内だけでなく海外でも活躍するデザイナーや建築家を擁した究極にまで無駄をそぎ落としたスタイリッシュなデザイン。そしてクリーンな排気、蓄熱モジュールなどによる技術の高さからである。クオリティーの高いサーフェイスは、一目見てもうなずくことが出来る。レッド・ドット賞受賞の常連である。

### ドブレ 640 WD

| | |
|---|---|
| 暖房方式 / 再燃焼方式 | 輻射熱式/CB |
| 最大薪長さ（mm） | 450 |
| 材質 | 鋳鉄 |
| 幅×奥行き×高さ（mm） | 660×565×760 |
| 重量（kg） | 170 |
| 暖房性能（kW） | 10.0(定格) |
| 最大暖房面積（㎡） | —— |
| 価格（円） | 473,000 |

### ドブレ ロック 500TB

| | |
|---|---|
| 暖房方式 / 再燃焼方式 | 輻射熱式/CB |
| 最大薪長さ（mm） | 500 |
| 材質 | 鋳鉄 |
| 幅×奥行き×高さ（mm） | 660×375×745 |
| 重量（kg） | 140 |
| 暖房性能（kW） | 9.0(定格) |
| 最大暖房面積（㎡） | —— |
| 価格（円） | 555,500 |

メトス　TEL 03-3542-0333　http://metos.co.jp/

### エレメンツ ラウンド

| | |
|---|---|
| 暖房方式 / 再燃焼方式 | 輻射熱式 /CB |
| 最大薪長さ（mm） | 300 |
| 材質 | 鋼板 |
| 幅×奥行き×高さ（mm） | 460 × 460 × 1,017 |
| 重量（kg） | 140（本体） |
| 暖房性能（kW） | 6.0 |
| 最大暖房面積（㎡） | —— |
| 価格（円） | 1,441,000 ～ |

### シェーカー

| | |
|---|---|
| 暖房方式 / 再燃焼方式 | 輻射熱式 /CB |
| 最大薪長さ（mm） | 300 |
| 材質 | 鋼板 |
| 幅×奥行き×高さ（mm） | 835 × 530 × 1,035 |
| 重量（kg） | 112（本体） |
| 暖房性能（kW） | 6.0（定格） |
| 最大暖房面積（㎡） | —— |
| 価格（円） | 968,000 |

### エレメンツ 603 フロント

| | |
|---|---|
| 暖房方式 / 再燃焼方式 | 輻射熱式/CB |
| 最大薪長さ（mm） | 300 |
| 材質 | 鋼板 |
| 幅×奥行き×高さ（mm） | 603×400×1,017 |
| 重量（kg） | 210(本体) |
| 暖房性能（kW） | 6.0 |
| 最大暖房面積（㎡） | —— |
| 価格（円） | 1,067,000(本体) |

ワンダーバル　TEL 029-309-4102　http://www.skantherm.jp

### デリー 114

| | |
|---|---|
| 暖房方式 / 再燃焼方式 | 輻射熱式 /CB |
| 最大薪長さ（mm） | 250（縦置き時 350） |
| 材質 | 鋼板 |
| 幅×奥行き×高さ（mm） | 450 × 450 × 1,135 |
| 重量（kg） | 118 |
| 暖房性能（kW） | 6.0 |
| 最大暖房面積（㎡） | 60 |
| 価格（円） | 792,000 |

長野総商　TEL 0267-32-2353

ドイツ

## ハーゼ

メイド・イン・ドイツの高品質ブランドであるハーゼストーブは、30 年以上高性能薪ストーブを造り続け、モダンなデザインと効率的な燃焼技術、そしてきめ細かな加工技術によってドイツ国内で愛されている。ソープストーン・モデルは高蓄熱性・熱放射性に優れ、アスマラとセンダイ 135 はドイツ建築技術協会（DIBt）の定めるストーブの気密性能等の基準値をクリアし、低エネルギー住宅での設置が認められた機種である。

### エレメンツ 603 3S

| | |
|---|---|
| 暖房方式 / 再燃焼方式 | 輻射熱式 /CB |
| 最大薪長さ（mm） | 300 |
| 材質 | 鋼板 |
| 幅×奥行き×高さ（mm） | 603 × 400 × 1,017 |
| 重量（kg） | 207（本体） |
| 暖房性能（kW） | 10.0 |
| 最大暖房面積（㎡） | —— |
| 価格（円） | 1,408,000（本体） |

ワンダーバル　http://www.skantherm.jp

### センダイ 135

| | |
|---|---|
| 暖房方式 / 再燃焼方式 | 輻射熱式 /CB |
| 最大薪長さ（mm） | 250（縦置き時 400） |
| 材質 | 鋼板 |
| 幅×奥行き×高さ（mm） | 370 × 410 × 1,350 |
| 重量（kg） | 140 |
| 暖房性能（kW） | 7.0 |
| 最大暖房面積（㎡） | 80 |
| 価格（円） | 803,000 |

### ルノ

| | |
|---|---|
| 暖房方式 / 再燃焼方式 | 輻射熱式 /CB |
| 最大薪長さ（mm） | 300（縦置き時 350） |
| 材質 | 鋼板 |
| 幅×奥行き×高さ（mm） | 610 × 445 × 1,155 |
| 重量（kg） | 123 |
| 暖房性能（kW） | 7.0 |
| 最大暖房面積（㎡） | 68 |
| 価格（円） | 737,000 |

### アスマラ

| | |
|---|---|
| 暖房方式 / 再燃焼方式 | 輻射熱式 /CB |
| 最大薪長さ（mm） | 250（縦置き時 400） |
| 材質 | 鋼板＋ソープストーン |
| 幅×奥行き×高さ（mm） | 410 × 440 × 1,560 |
| 重量（kg） | 202 |
| 暖房性能（kW） | 7.0 |
| 最大暖房面積（㎡） | 80 |
| 価格（円） | 979,000 |

▶▶▶ 長野総商　TEL 0267-32-2353　http://www.naganosohsyo.co.jp ◀

### アルバ 450

| | |
|---|---|
| 燃焼方式 / 再燃焼方式 | 輻射熱 /CB |
| 最大薪長さ (mm) | 450 |
| 材質 | 鋳鉄 |
| 幅×奥行き×高さ (mm) | 625 × 510 × 740 |
| 重量 (kg) | 185 |
| 暖房性能（kW） | 9.0（定格） |
| 最大暖房面積 (㎡ ) | 160 |
| 価格（円） | 572,000 |

### アレグラ 500

| | |
|---|---|
| 燃焼方式 / 再燃焼方式 | 輻射熱 /$O_2$ActiveSystem |
| 最大薪長さ (mm) | 500 |
| 材質 | 鋳鉄 |
| 幅×奥行き×高さ (mm) | 650 × 518 × 720 |
| 重量 (kg) | 155 |
| 暖房性能（kW） | 8.0（定格） |
| 最大暖房面積 (㎡ ) | 150 |
| 価格（円） | 495,000 |

▶▶▶ 新宮商行　TEL 047-361-3800　https://www.andersen-stove.jp

ドイツ

## レダ

鋳物製造業として 1873 年に創業のレダ。自社ブランドの薪ストーブを作り始めて 90 年の歴史を持つ。エコデザイン 2022、ドイツ独自の排気ガス規制 BlmSchv もクリアしている。我が国初輸入となる今回は、クラシックシリーズ 3 タイプを発売。日本の住宅にマッチしたデザインは、多くの共感が得られるだろう。コストパフォーマンスに優れた薪ストーブといえる。

### アイアンドッグ　N° 07

| | |
|---|---|
| 燃焼方式 / 再燃焼方式 | 輻射熱式 /CB |
| 最大薪長さ (mm) | 450 |
| 材質 | 鋳鉄 |
| 幅×奥行き×高さ (mm) | 702 × 570 × 692 |
| 重量 (kg) | 220 |
| 暖房性能（kW） | 4.9 ～ 8.1 |
| 最大暖房面積 (㎡ ) | 90 |
| 価格（円） | 660,000 |

### アイアンドッグ　N° 01

| | |
|---|---|
| 燃焼方式 / 再燃焼方式 | 輻射熱式 /CB |
| 最大薪長さ (mm) | 330 |
| 材質 | 鋳鉄 |
| 幅×奥行き×高さ (mm) | 437 × 630 × 680 |
| 重量 (kg) | 130 |
| 暖房性能（kW） | 4.9 ～ 8.1 |
| 最大暖房面積 (㎡ ) | 90 |
| 価格（円） | 495,000 |

◀◀◀ エープラス　TEL 0265-94-6121　https://www.aplusinc.jp

ドイツ

## ブルナー

南ドイツ・バイエルンの小さな町、エッゲンフェルデンに本社を構えるブルナー社。ドイツ国内のみでなくヨーロッパでも屈指の鋳鉄工場をもつ同社は、薪ストーブからシステム暖炉、薪ボイラーなどバイオマスエネルギーを利用した暖房器具メーカー。製造から組み立てまですべて自社で行う徹底した体制と、100%メイドインジャーマニーにこだわる品質の高さはヨーロッパ内外で高い評価を受けている。代表的ブランドにアイアンドッグがある。

## スイス

## ティバ・トーンヴェルク

1872年に暖炉などの断熱材を製造する会社として創立した。1995年、工業デザイン会社GAANとバイオマス研究学者サラエボ氏、トーンヴェルク・ラウゼンの三つ巴によって国家プロジェクトとして出来たのが新しい蓄熱薪ストーブである。環境性能が高く、長時間適温で室内を暖め続けられるため、薪の使用量はそれまでの一般的な薪ストーブに比べわずかである。一旦火が点いたら全自動という薪ストーブも開発している。

### アイアンドッグ　N° 06

| | |
|---|---|
| 燃焼方式 / 再燃焼方式 | 輻射熱式 /CB |
| 最大薪長さ（mm） | 330 |
| 材質 | 鋳鉄 |
| 幅×奥行き×高さ（mm） | 938 × 623 × 812 |
| 重量（kg） | 310 |
| 暖房性能（kW） | 4.9 ～ 9.9 |
| 最大暖房面積（㎡） | 110 |
| 価格（円） | 1,265,000 |

### アイアンドッグ N° 04

| | |
|---|---|
| 暖房方式 / 再燃焼方式 | 輻射熱式 /CB |
| 最大薪長さ（mm） | 500mm |
| 材質 | 鋳鉄 |
| 幅×奥行き×高さ（mm） | 800 × 522 × 759 |
| 重量（kg） | 240 |
| 暖房性能（kW） | 4.9 ～ 8.2 |
| 最大暖房面積（㎡） | 110 |
| 価格（円） | 748,000 |

▶▶▶ エープラス　TEL 0265-94-6121　https://www.aplusinc.jp ◀

### T-SKY eco2

| | |
|---|---|
| 暖房方式 / 再燃焼方式 | 蓄熱育成光線暖房式/スパイラル攪拌再燃焼 |
| 薪投入量（kg） | 6 |
| 材質 | 天然石 / 人工石 |
| 幅×奥行き×高さ（mm） | 475×570×1,646 |
| 重量（kg） | 380 |
| 暖房性能（kW） | 2.6（最大蓄熱量：20kW/6kg） |
| 放熱時間 | 12.2 |
| 価格（円） | 1,859,000 ～ |

### T-NEO eco2

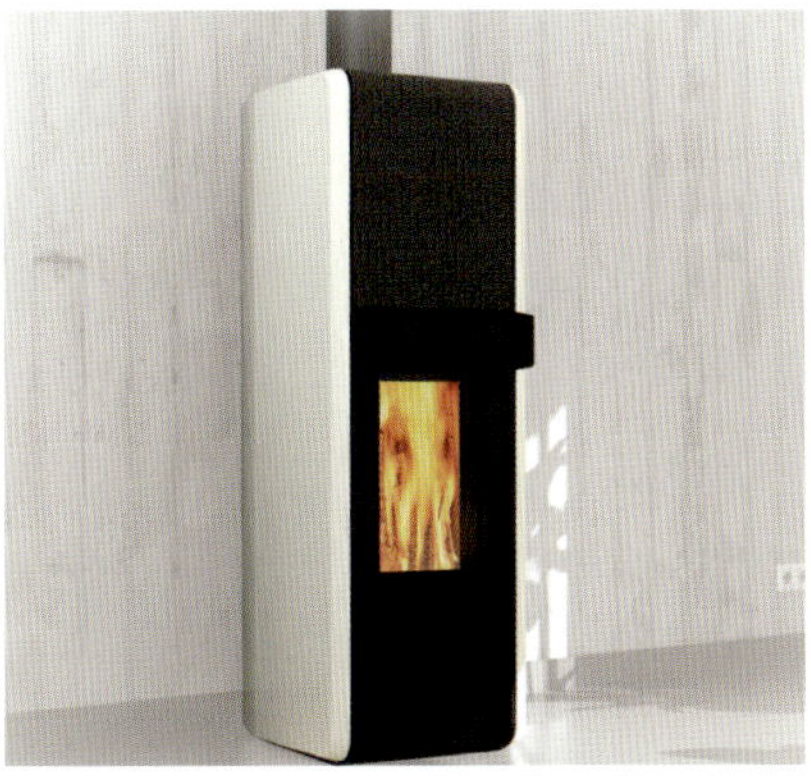

| | |
|---|---|
| 燃焼方式 / 再燃焼方式 | 蓄熱育成光線暖房式/スパイラル攪拌再燃焼 |
| 最大薪長さ（mm） | 330 |
| 材質 | 人工石 |
| 幅×奥行き×高さ（mm） | 500×550×1,400 |
| 重量（kg） | 420 |
| 暖房性能（kW） | 2.4（最大蓄熱量：20kWh/6kg） |
| 放熱時間 | 12.2（表面温度低下率 25%） |
| 価格（円） | 2,145,000 ～ |

### T-LINE eco2

| | |
|---|---|
| 燃焼方式 / 再燃焼方式 | 蓄熱育成光線暖房方式/スパイラル攪拌燃焼 |
| 最大薪長さ（mm） | 330 |
| 材質 | 天然石 + 人工石 |
| 幅×奥行き×高さ（mm） | 510×570×1,380 |
| 重量（kg） | 430 |
| 暖房性能（kW） | 2.4（最大蓄熱量 20kW/6.0kg） |
| 放熱時間 | 11.8（表面温度低下率 25%） |
| 価格（円） | 1,870,000 ～ |

◀◀◀ 青い空　TEL 0568-91-2040　https://www.woodstove.ne.jp

### T-TWO SWING

| | |
|---|---|
| 暖房方式 / 再燃焼方式 | 蓄熱育成光線暖房式/スパイラル攪拌再燃焼 |
| 薪投入量（kg） | 3.5 |
| 材質 | 天然石 / 人工石 |
| 幅×奥行き×高さ（mm） | 440×376×1,423 |
| 重量（kg） | 260 |
| 暖房性能（kW） | 6.2（定格） |
| 放熱時間 | 6.0 |
| 価格（円） | 1,441,000 ～ |

### T-TWO STONE

| | |
|---|---|
| 燃焼方式 / 再燃焼方式 | 蓄熱育成光線暖房方式/スパイラル攪拌再燃焼 |
| 最大薪長さ（mm） | 330 |
| 材質 | 焼物 + 人造石 |
| 幅×奥行き×高さ（mm） | 400×400×1,423 |
| 重量（kg） | 280 |
| 暖房性能（kW） | 6.2 |
| 放熱時間 | 6.0 |
| 価格（円） | 1,452,000 ～ |

### T-LINE STEEL

| | |
|---|---|
| 暖房方式 / 再燃焼方式 | 蓄熱育成光線暖房式/スパイラル攪拌再燃焼 |
| 最大薪長さ（mm） | 330 |
| 材質 | 人工石 |
| 幅×奥行き×高さ（mm） | 510×570×1,380 |
| 重量（kg） | 400 |
| 暖房性能（kW） | 3.5 |
| 放熱時間 | 10.0 |
| 価格（円） | 1,540,000 ～ |

▶▶▶ 青い空　TEL 0568-91-2040　https://www.woodstove.ne.jp ◀

### ハカ 67/51h

| | |
|---|---|
| 暖房方式 / 再燃焼方式 | 輻射・対流熱複合式/CB |
| 最大薪長さ（mm） | 500 |
| 材質 | 鋳鉄＋鋼板 |
| 開口部 幅×高さ（mm） | 670×510(ガラス) |
| 重量（kg） | 290 |
| 暖房性能（kW） | 8.0(公称) |
| 価格（円） | オープン価格 |

### エクカ 67/45/51h

| | |
|---|---|
| 暖房方式 / 再燃焼方式 | 輻射・対流熱複合式/CB |
| 最大薪長さ（mm） | 450 |
| 材質 | 鋳鉄＋鋼板 |
| 幅×奥行き×高さ（mm） | 670×450×510(ガラス) |
| 重量（kg） | 320 |
| 暖房性能（kW） | 8.0(公称) |
| 価格（円） | オープン価格 |

◀◀◀ ファイヤーサイド　https://www.hoxter.jp/

チェコ

## ホクスター

ホクスターはチェコに本拠地を持つ薪ストーブメーカー。ガラス面の数（1面、2面、3面）で分けられ、それぞれに豊富なバリエーションを抱えるため、どのような建築にもマッチするモデルを選ぶことができる。同社の製品はどれもガラス面からの輻射熱だけでなく、室内の冷気を壁の中に取り込んで効率よく暖気に交換し、対流させるシステムを持つ。想像以上の暖かさを提供してくれる。気密性が高くレバーのわずかな動きで炎を調整できる。

### ジャッコ・ピエ・ブア

| | |
|---|---|
| 暖房方式 / 再燃焼方式 | 輻射・対流熱複合式/CB |
| 最大薪長さ（mm） | 300 |
| 材質 | 鋳鉄 |
| 幅×奥行き×高さ（mm） | 420×376×748 |
| 重量（kg） | 90 |
| 暖房性能（kW） | 6 |
| 最大暖房面積（㎡） | 60 |
| 価格（円） | 319,000 |

▶▶▶ 西日本：NISHIMURA TRADING
東日本：グリーンフッド

フランス

## スープラ

スープラはフランスで150年の歴史をもつ老舗薪ストーブメーカー。ドイツとの国境も近いアルザス地方のオベルネに本社工場を持ち、21,000㎡の広大な面積を有する生産工場では年間6万台以上の薪ストーブを製造している。全ての製品はフランスの木質燃焼機器規格 Flamme Verte の最高クラスである7星を取得。フランス国内市場で最も環境に優しく、高い燃焼効率であることを示している。

### ウカ 69/48/69/51h

| | |
|---|---|
| 暖房方式 / 再燃焼方式 | 輻射・対流熱複合式/CB |
| 最大薪長さ（mm） | 450 |
| 材質 | 鋼板 |
| 幅×奥行き×高さ（mm） | 690×480×510(ガラス) |
| 重量（kg） | 260 |
| 暖房性能（kW） | 9.0(公称) |
| 価格（円） | オープン価格 |

▶▶▶ ファイヤーサイド　https://www.hoxter.jp/ ◀

### アナヤ・トリビジョン

| | |
|---|---|
| 暖房方式 / 再燃焼方式 | 輻射・対流熱複合式/CB |
| 最大薪長さ（mm） | 450 |
| 材質 | 鋼板 |
| 幅×奥行き×高さ（mm） | 508×438×1,054 |
| 重量（kg） | 125 |
| 暖房性能（kW） | 10 |
| 最大暖房面積（㎡） | 100 |
| 価格（円） | 495,000 |

### マーキュス

| | |
|---|---|
| 暖房方式 / 再燃焼方式 | 輻射・対流熱複合式/CB |
| 最大薪長さ（mm） | 490 |
| 材質 | 鋳鉄 |
| 幅×奥行き×高さ（mm） | 624×433×665 |
| 重量（kg） | 149 |
| 暖房性能（kW） | 15 |
| 最大暖房面積（㎡） | 150 |
| 価格（円） | 440,000 |

### ラリー・ブッシェ

| | |
|---|---|
| 暖房方式 / 再燃焼方式 | 輻射・対流熱複合式/CB |
| 最大薪長さ（mm） | 620 |
| 材質 | 鋼板 |
| 幅×奥行き×高さ（mm） | 763×392×701 |
| 重量（kg） | 133 |
| 暖房性能（kW） | 12 |
| 最大暖房面積（㎡） | 130 |
| 価格（円） | 363,000 |

◀◀◀ 西日本：NISHIMURA TRADING　TEL　075-612-2428　https://www.solemio.jp/ ／東日本：グリーンフッド　TEL 03-6426-5391　greenhoood.jp ◀

フランス

## アンヴィクタ

1924年、フランス・シャンパーニュ地方ドンシェリーにて鋳物工場として創業したアンヴィクタ。特徴は何といってもそのデザインの多様さ。ステレオタイプ化された薪ストーブ群とは大きく異なる斬新な意匠。クラシック、モダン、そして有機的デザインとその幅は広く個性的。ポストコンバッションと名付けられた再燃焼システムを搭載し、ヨーロッパ最大級の年間生産台数を誇り、組立から製造まですべて自社内で行っている。

### クロエ

| | |
|---|---|
| 暖房方式 / 再燃焼方式 | 輻射熱式/CB |
| 最大薪長さ（mm） | 500 |
| 材質 | 鋼板 |
| 幅×奥行き×高さ（mm） | 536×488×1,284 |
| 重量（kg） | 135 |
| 暖房性能（kW） | 10 |
| 最大暖房面積（㎡） | 100 |
| 価格（円） | 682,000 |

### クリス

| | |
|---|---|
| 暖房方式 / 再燃焼方式 | 輻射・対流熱複合式/CB |
| 最大薪長さ（mm） | 500 |
| 材質 | 鋳鉄 |
| 幅×奥行き×高さ（mm） | 702×432×914 |
| 重量（kg） | 179 |
| 暖房性能（kW） | 14 |
| 最大暖房面積（㎡） | 140 |
| 価格（円） | 544,500 |

▶▶▶ 西日本：NISHIMURA TRADING ／東日本：グリーンフッド◀

### ノリック

| | |
|---|---|
| 燃焼方式 / 再燃焼方式 | 輻射熱式 / CB |
| 最大薪長さ（mm） | 500（推奨330） |
| 材質 | 鋳鉄 |
| 幅 x 奥行 x 高さ（mm） | 620 x 465 x 630 |
| 重量（kg） | 104 |
| 暖房性能（kW） | 6.0（定格） |
| 最大暖房面積（㎡） | 68 |
| 価格（円） | 396,000 |

### ブラッドフォード

| | |
|---|---|
| 暖房方式 / 再燃焼方式 | 輻射・対流熱複合式/CB |
| 最大薪長さ（mm） | 540 |
| 材質 | 鋳鉄 |
| 幅×奥行き×高さ（mm） | 730×613×690 |
| 重量（kg） | 175 |
| 暖房性能（kW） | 9.0（定格） |
| 最大暖房面積（㎡） | —— |
| 価格（円） | 583,000～ |

### アキミックス

| | |
|---|---|
| 燃焼方式 / 再燃焼方式 | 輻射熱式/CB |
| 最大薪長さ（mm） | 380（推奨250） |
| 材質 | 鋳鉄 |
| 幅×奥行き×高さ（mm） | 766×372×851 |
| 重量（kg） | 181 |
| 暖房性能（kW） | 7.0（定格） |
| タンク容量（L） | 15（ペレット） |
| 価格（円） | 748,000 |

▶▶▶ ボルグシステム　TEL 042-786-2320　http://www.invicta-stove.com

フランス

## ゴダン

1840年から作り続けているゴダン薪ストーブ。プチ・ゴダンという円筒形の薪ストーブの発売によってフランス中で一世を風靡した。そのフランスの心とも言えるゴダン薪ストーブがゴダンストーブジャパンから正式に発売された。本国のラインナップと同じく64モデルを数える。フランスらしいコンテンポラリーなスタイルだけでなく、歴史を感じされるクラシカルなモデルまで豊富に用意されている。

### コジア

| | |
|---|---|
| 暖房方式 / 再燃焼方式 | 輻射熱式/CB |
| 最大薪長さ（mm） | 500 |
| 材質 | 鋳鉄 |
| 幅×奥行き×高さ（mm） | 780×453×924 |
| 重量（kg） | 170 |
| 暖房性能（kW） | 9.0（定格） |
| 最大暖房面積（㎡） | —— |
| 価格（円） | 1,100,000 |

### トビアス

| | |
|---|---|
| 暖房方式 / 再燃焼方式 | 輻射熱式/CB |
| 最大薪長さ（mm） | 500 |
| 材質 | 鋳鉄＋鋼板 |
| 幅×奥行き×高さ（mm） | 1,049×539×813 |
| 重量（kg） | 150 |
| 暖房性能（kW） | 7.8（定格） |
| 最大暖房面積（㎡） | —— |
| 価格（円） | 870,000 |

◀◀◀ ゴダンストーブジャパン　TEL 03-5842-1706　www.godinjapan.jp

## プチゴダン

| | |
|---|---|
| 暖房方式 / 再燃焼方式 | 輻射熱式/CB |
| 最大薪長さ（mm） | 500 |
| 材質 | 鋳鉄 |
| 幅×奥行き×高さ（mm） | 515×702×957 |
| 重量（kg） | 110 |
| 暖房性能（kW） | 7.5(定格) |
| 最大暖房面積（㎡） | —— |
| 価格（円） | 1,000,000 |

## カルバン

| | |
|---|---|
| 暖房方式 / 再燃焼方式 | 輻射熱式/CB |
| 最大薪長さ（mm） | 650 |
| 材質 | 鋳鉄 |
| 幅×奥行き×高さ（mm） | 750×510×850 |
| 重量（kg） | 188 |
| 暖房性能（kW） | 11.0(定格) |
| 最大暖房面積（㎡） | —— |
| 価格（円） | 725,000～ |

## バゲラ DF

| | |
|---|---|
| 暖房方式 / 再燃焼方式 | 輻射熱式/CB |
| 最大薪長さ（mm） | 500 |
| 材質 | 鋳鉄 |
| 幅×奥行き×高さ（mm） | 808×440×951 |
| 重量（kg） | 180 |
| 暖房性能（kW） | 10.0(定格) |
| 最大暖房面積（㎡） | —— |
| 価格（円） | 1,430,000 |

▶▶▶ ゴダンストーブジャパン　TEL 03-5842-1706　www.godinjapan.jp ◀

## ドミノ 8

| | |
|---|---|
| 燃焼方式 / 再燃焼方式 | 輻射・対流熱複合式/CB |
| 最大薪長さ (mm) | 520 |
| 材質 | 鋳鉄・ステンレス |
| 幅×奥行き×高さ (mm) | 920×660×910 |
| 重量 (kg) | 195 |
| 暖房性能（kcal/h) | 8,600(通常) |
| 暖房面積 (㎡) | 約130 |
| 価格（円) | 1,078,000 |

## ドミノ 6

| | |
|---|---|
| 燃焼方式 / 再燃焼方式 | 輻射・対流熱複合式/CB |
| 最大薪長さ (mm) | 330 |
| 材質 | 鋳鉄・ステンレス |
| 幅×奥行き×高さ (mm) | 720×660×910 |
| 重量 (kg) | 180 |
| 暖房性能（kcal/h) | 6,450(通常) |
| 暖房面積 (㎡) | 約100 |
| 価格（円) | 990,000 |

▶▶▶ ファイヤーサイド　https://www.firesidestove.com/

### イタリア

## デマニンコア

イタリア北部のトレントに本拠を構えるデマニンコア社。1828年の創業以来190年以上、5世代にわたってキッチンストーブを作り続けている老舗メーカーである。中でもわが国で販売されるドミノ・シリーズは、現代テイストでスタイリッシュなデザインが特徴である。「クッキング機能を備えた高性能薪ストーブ」にカテゴライズされ、キッチンだけではなくリビングに置いても調和するモデルである。トップにあるクッキングリングを外せば直火料理もできる。

## グランス

| | |
|---|---|
| 暖房方式 / 再燃焼方式 | 輻射熱式/CB |
| 最大薪長さ（mm） | 500 |
| 材質 | 鋳鉄 |
| 幅×奥行き×高さ（mm） | 550×411×822 |
| 重量（kg） | 160 |
| 暖房性能（kW） | 9.0 |
| 最大暖房面積（㎡） | 90 |
| 価格（円） | 781,000 |

## E-30 M

| | |
|---|---|
| 暖房方式 / 再燃焼方式 | 輻射熱式/CB |
| 最大薪長さ (mm) | 500 |
| 材質 | 鋳鉄 |
| 幅×奥行き×高さ（mm） | 660×470×700 |
| 重量 (kg) | 170 |
| 暖房性能（kW） | 11.5 |
| 最大暖房面積（㎡） | 120 |
| 価格（円) | 528,000 |

◀◀◀ 長野総商　TEL 0267-32-2353　http://www.naganosohsyo.co.jp

### スペイン

## ヘルゴン

1960年、スペインの北大西洋に面した海沿いの町カンタブリア州の州都サンタンデールに創業のヘルゴン。鋳鉄製薪ストーブの製造を専門としながらも、アメリカ・ハースストーンの親会社ともなっている。そのため、ハースストーンの鋳鉄製薪ストーブやソープストーン躯体の鋳鉄製フレーム等はすべてヘルゴンにて製造されている。昨年、スクエアな現代デザインと最新の再燃焼方式を併せ持つEシリーズが発売された。

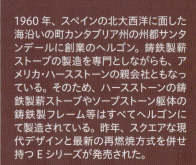

## スペイン

# パナデロ

欧州では人気のスペインで1952年創業の老舗。最新の燃焼装置（欧州規格エコデザイン2022をクリア）を搭載ながらコスパの高い製品をリリース。2016年、パナデロジャパンが総輸入元となり、日本向けにカスタマイズしたイスラとイスラミニの等の販売を開始。比較的安価ながら大きなガラス面でゆったりと魅せる炎だけでなく、寒冷地でも満足な暖房出力を併せ持ち、針葉樹も安心して焚ける薪ストーブとして全国に広がっている。

### アルセ

| | |
|---|---|
| 暖房方式 / 再燃焼方式 | 輻射熱式/CB |
| 最大薪長さ（mm） | 500 |
| 材質 | 鋳鉄 |
| 幅×奥行き×高さ（mm） | 705×440×1,000 |
| 重量（kg） | 150 |
| 暖房性能（kW） | 14.5 |
| 最大暖房面積（㎡） | 150 |
| 価格（円） | 649,000 |

### E-40

| | |
|---|---|
| 暖房方式 / 再燃焼方式 | 輻射熱式/CB |
| 最大薪長さ（mm） | 500 |
| 材質 | 鋳鉄 |
| 幅×奥行き×高さ（mm） | 600×430×870 |
| 重量（kg） | 150 |
| 暖房性能（kW） | 11.5 |
| 最大暖房面積（㎡） | 120 |
| 価格（円） | 572,000 |

▶▶▶ 長野総商　TEL 0267-32-2353　http://www.naganosohsyo.co.jp ◀

### マスカリラ

| | |
|---|---|
| 暖房方式 / 再燃焼方式 | 輻射熱式/CB |
| 最大薪長さ（mm） | 700 |
| 材質 | 鋼板 |
| 幅×奥行き×高さ（mm） | 796×463×854 |
| 重量（kg） | 155 |
| 暖房性能（kW） | 7.2 |
| 最大暖房面積（㎡） | —— |
| 価格（円） | 472,000 |

### イスラミニ

| | |
|---|---|
| 暖房方式 / 再燃焼方式 | 輻射熱式/CB |
| 最大薪長さ（mm） | 500 |
| 材質 | 鋼板 |
| 幅×奥行き×高さ（mm） | 640×393×695 |
| 重量（kg） | 103 |
| 暖房性能（kW） | 6.7 |
| 最大暖房面積（㎡） | —— |
| 価格（円） | 344,500 |

### トレス

| | |
|---|---|
| 暖房方式 / 再燃焼方式 | 輻射熱式/CB |
| 最大薪長さ（mm） | 500 |
| 材質 | 鋼板 |
| 幅×奥行き×高さ（mm） | 640×393×695 |
| 重量（kg） | 93 |
| 暖房性能（kW） | 5.9 |
| 最大暖房面積（㎡） | —— |
| 価格（円） | 344,520 |

◀◀◀ パナデロジャパン　TEL 0771-75-0015　phttps://panadero-japan.com/

## イギリス

# チャーンウッド

薪ストーブの輸入業を営んでいたA.J.ウェールズは、自分ならもっと高性能な薪ストーブを作れると確信し、1975年に第1号モデル“ビーコン”を発表。その後も研究開発をつづけ、2009年にはクイーンズアワーズ賞を貞応から授与されるに至った。その最大の特徴であるクワトロフローは、インターフェースこそシンプルであるものの、4つの空気の流れをコントロールする画期的なシステムである。

### アルタ

| | |
|---|---|
| 暖房方式 / 再燃焼方式 | 輻射熱式/CB |
| 最大薪長さ（mm） | 900 |
| 材質 | 鋼板 |
| 幅×奥行き×高さ（mm） | 1,091×468×873 |
| 重量（kg） | 168 |
| 暖房性能（kW） | 9.0 |
| 最大暖房面積（㎡） | —— |
| 価格（円） | 598,400 |

### イスラ

| | |
|---|---|
| 燃焼方式 / 再燃焼方式 | 輻射熱式 / CB |
| 最大薪長さ（mm） | 700 |
| 材質 | 鋼板 |
| 幅×奥行き×高さ（mm） | 796×463×854 |
| 重量（kg） | 155 |
| 暖房性能（kW） | 7.2 |
| 最大暖房面積（㎡） | —— |
| 価格（円） | 472,000 |

▶▶▶ パナデロジャパン　TEL 0771-75-0015　phttps://panadero-japan.com/ ◀

## オール ニュー アイランドII

| | |
|---|---|
| 暖房方式 / 再燃焼方式 | 輻射熱式/CB |
| 最大薪長さ（mm） | 480 |
| 材質 | 鋼板 |
| 幅×奥行き×高さ（mm） | 614×418×760 |
| 重量（kg） | 134 |
| 暖房性能（kW） | 11.0 |
| 最大暖房面積（㎡） | 56.25 |
| 価格（円） | 503,800 |

## コーヴェ 2 ブルー

| | |
|---|---|
| 暖房方式 / 再燃焼方式 | 輻射熱式/CB |
| 最大薪長さ（mm） | 414 |
| 材質 | 鋼板 |
| 幅×奥行き×高さ（mm） | 600×418×944 |
| 重量（kg） | 133 |
| 暖房性能（kW） | 11.0 |
| 最大暖房面積（㎡） | 56.25 |
| 価格（円） | 503,800 |

## クランモア 5

| | |
|---|---|
| 暖房方式 / 再燃焼方式 | 輻射熱式/CB |
| 最大薪長さ（mm） | 300 |
| 材質 | 鋼板 |
| 幅×奥行き×高さ（mm） | 470×403×651 |
| 重量（kg） | 85 |
| 暖房性能（kW） | 7.0 |
| 最大暖房面積（㎡） | 41.25 |
| 価格（円） | 415,800 |

▶▶▶ アドヴァングループ　www.advan.co.jp/stove/index.html

## ソールズバリー 8

| | |
|---|---|
| 暖房方式 / 再燃焼方式 | 輻射・対流熱風号式/CB |
| 最大薪長さ（mm） | 360 |
| 材質 | 鋼板 |
| 幅×奥行き×高さ（mm） | 570×428×659 |
| 重量（kg） | 143 |
| 暖房性能（kW） | 10.5 |
| 最大暖房面積（㎡） | 120 |
| 価格（円） | 418,000 |

## バーモント 8

| | |
|---|---|
| 暖房方式 / 再燃焼方式 | 輻射・対流熱複合式/CB |
| 最大薪長さ（mm） | 360 |
| 材質 | 鋼板＋鋳鉄 |
| 幅×奥行き×高さ（mm） | 642×395×710 |
| 重量（kg） | 148 |
| 暖房性能（kW） | 10.5 |
| 最大暖房面積（㎡） | 148 |
| 価格（円） | 440,000〜 |

◀◀◀ グリーンフッド　TEL 03-6426-5391 greenhood.jp

**イギリス**

## チェスニーズ

1984 年、マントルピースと薪ストーブのメーカーとしてロンドンのバタシーパークで創業したチェスニーズ社。「古くて新しい」をキーワードに、キャストアイアン神話を捨て、5mm 厚の鋼板を使用。部品点数を最小限に抑えることで「シンプル & 丈夫」を実現した。都市部の住宅にも設置できるようコンパクトサイズにこだわっており、日本の住宅事情にもフィットした造りとなっている。

## ヘラルド 8 エコ

| | |
|---|---|
| 暖房方式 / 再燃焼方式 | 輻射熱式/CB |
| 推奨薪長さ（mm） | 350〜450 |
| 材質 | 鋼板+鋳鉄 |
| 幅×奥行き×高さ（mm） | 636×433×621 |
| 重量（kg） | 104 |
| 暖房性能（kW） | 7.0(定格) |
| 最大暖房面積（㎡） | — |
| 価格（円） | 539,000 |

◀◀◀ エイコーテレシス　TEL 049-272-7720

**イギリス**

## ハンターストーブ

1970 年に創業したハンターストーブ社。「永く愛される製品づくり」をモットーに、誰にでも扱いやすく、熟練した職人たちの手によって高品質な製品を生み出している。ハンターストーブ独自のトリプルバーン・システムは、三次燃焼まで行って、よりクリーンな排気を作り出す。ハンターストーブには、ライフスタイルに合わせてヘラルド、クリーンバーン、パークレイという 3 ラインアップが用意されている。

## ソールズバリー 10

| | |
|---|---|
| 暖房方式 / 再燃焼方式 | 輻射・対流熱風号式/CB |
| 最大薪長さ（mm） | 360 |
| 材質 | 鋼板 |
| 幅×奥行き×高さ（mm） | 570×521×657 |
| 重量（kg） | 150 |
| 暖房性能（kW） | 12.0 |
| 最大暖房面積（㎡） | 130 |
| 価格（円） | 517,000〜 |

▶▶▶ グリーンフッド　greenhood.jp ◀

### PV5W フリースタンディング

| | |
|---|---|
| 暖房方式 / 再燃焼方式 | 対流熱式/CB |
| 最大薪長さ（mm） | 400 |
| 材質 | 鋼板＋鋳鉄 |
| 幅×奥行き×高さ（mm） | 554×442×600 |
| 重量（kg） | 120 |
| 暖房性能（kW） | 5.0(定格) |
| 最大暖房面積（㎡） | —— |
| 価格（円） | 550,000 |

◀◀◀ エイコーテレシス TEL 049-272-7720

イギリス

## チャールトン & ジェンリック

2013 年に革新の燃焼技術を実装した薪ストーブ「ピュアビジョン」シリーズを投入。80%を超える燃焼効率は、その後のイギリス薪ストーブ界のベンチマークとなり、排気ガス浄化を牽引していった。同社の全ての製品がイギリスのエコデザイン・レディ認定の最初のモデルとなっている。アウトドアタイプ薪ストーブも含め、同国のスモークコントロール・エリアでも問題なく焚くことが可能。

### アスペクト 8

| | |
|---|---|
| 暖房方式 / 再燃焼方式 | 輻射熱式/CB |
| 推奨薪長さ（mm） | 350〜450 |
| 材質 | 鋼板＋鋳鉄 |
| 幅×奥行き×高さ（mm） | 617×433×873 |
| 重量（kg） | 141 |
| 暖房性能（kW） | 7.5(定格) |
| 最大暖房面積（㎡） | —— |
| 価格（円） | 547,800〜 |

▶▶▶ エイコーテレシス www.hunterstoves.jp ◀

### フューチュラ 5

| | |
|---|---|
| 暖房方式 / 再燃焼方式 | 輻射・対流熱複合式/CB |
| 最大薪長さ（mm） | 330 |
| 材質 | 鋼板＋鋳鉄 |
| 幅×奥行き×高さ（mm） | 523×387×623 |
| 重量（kg） | 81 |
| 暖房性能（kW） | 7.5 |
| 最大暖房面積（㎡） | 113 |
| 価格（円） | 385,000 |

◀◀◀ ダッチウエストジャパン TEL 0155-24-6085

イギリス

## ストバックス

英国製薪ストーブの最後の大物ストバックスが豊富なラインナップを持ち、トラディショナルからコンテンポラリーまでをカバーする。これまで日本向けにはなかったφ 125mm 煙突をそのまま使用する徹底ぶりも好感が持てる（ヴォーグミディアムはφ 152mm 仕様）。EU の厳しい排気ガス基準に加え、英国の排気ガス基準もクリアした高性能モデル群は、着火から本燃焼までをスムーズに行う。

### PV85 フリースタンディング

| | |
|---|---|
| 暖房方式 / 再燃焼方式 | 対流熱式/CB |
| 最大薪長さ（mm） | 650 |
| 材質 | 鋼板＋鋳鉄 |
| 幅×奥行き×高さ（mm） | 804×442×600 |
| 重量（kg） | 153 |
| 暖房性能（kW） | 8.5(定格) |
| 最大暖房面積（㎡） | —— |
| 価格（円） | 616,000 |

▶▶▶ エイコーテレシス www.hunterstoves.jp ◀

### チェスターフィールド 5 ワイド MF

| | |
|---|---|
| 暖房方式 / 再燃焼方式 | 輻射・対流熱複合式/CB |
| 最大薪長さ（mm） | 400 |
| 材質 | 鋼板＋鋳鉄 |
| 幅×奥行き×高さ（mm） | 581×371×703 |
| 重量（kg） | 110 |
| 暖房性能（kW） | 7.0 |
| 最大暖房面積（㎡） | 105 |
| 価格（円） | 495,000 |

### ハンティンドン 30

| | |
|---|---|
| 暖房方式 / 再燃焼方式 | 輻射・対流熱複合式/CB |
| 最大薪長さ（mm） | 330 |
| 材質 | 鋼板＋鋳鉄 |
| 幅×奥行き×高さ（mm） | 560×457×622 |
| 重量（kg） | 89 |
| 暖房性能（kW） | 7.5 |
| 最大暖房面積（㎡） | 113 |
| 価格（円） | 429,000 |

### ヴォーグ ミディ

| | |
|---|---|
| 暖房方式 / 再燃焼方式 | 輻射熱式/CB |
| 最大薪長さ（mm） | 330 |
| 材質 | 鋼板＋鋳鉄 |
| 幅×奥行き×高さ（mm） | 416×399×782 |
| 重量（kg） | 80 |
| 暖房性能（kW） | 7.0 |
| 最大暖房面積（㎡） | 105 |
| 価格（円） | 572,000 |

◀◀◀

ダッチウエストジャパン TEL 0155-24-6085 https://www.stovax.jp ◀

## カナダ

# パシフィックエナジー

カナダ西海岸バンクーバー島に本社・工場を置くパシフィックエナジー社。カナダ国内では最大の販売シェアを誇る。フローティング・ファイヤーボックス、大容量バッフルシステム、ナイフエッジ・ドアなど、独自の技術をもつ。これらの技術によって、クリーンバーン再燃焼の弱点である低温燃焼時でもガラスをクリアーに保つ。針葉樹の国カナダらしく、針葉樹も使用可能。近年、欧州を意識したネオ・シリーズや小出力モデルもラインナップに加わった。

### ヴォーグ ミディアム

| | |
|---|---|
| 暖房方式 / 再燃焼方式 | 輻射熱式/CB |
| 最大薪長さ（mm） | 430 |
| 材質 | 鋼板＋鋳鉄 |
| 幅×奥行き×高さ（mm） | 525×424×873 |
| 重量（kg） | 120 |
| 暖房性能（kW） | 11.0 |
| 最大暖房面積（㎡） | 165 |
| 価格（円） | 638,000 |

### ハンティンドン 40

| | |
|---|---|
| 暖房方式 / 再燃焼方式 | 輻射・対流熱複合式/CB |
| 最大薪長さ（mm） | 450 |
| 材質 | 鋼板＋鋳鉄 |
| 幅×奥行き×高さ（mm） | 642×508×682 |
| 重量（kg） | 115 |
| 暖房性能（kW） | 10.0 |
| 最大暖房面積（㎡） | 150 |
| 価格（円） | 506,000 |

▶▶▶ ダッチウエストジャパン　TEL 0155-24-6085　https://www.stovax.jp ◀

### オルダリー T5 LE

| | |
|---|---|
| 暖房方式 / 再燃焼方式 | 輻射・対流熱複合式/CB |
| 最大薪長さ（mm） | 450 |
| 材質 | 鋼板＋鋳鉄 |
| 幅×奥行き×高さ（mm） | 635×724×756 |
| 重量（kg） | 234 |
| 暖房性能（kW） | 15.7 |
| 最大暖房面積（㎡） | 120 |
| 価格（円） | 726,000～ |

### ネオ 1.6 LE

| | |
|---|---|
| 暖房方式 / 再燃焼方式 | 輻射・対流熱複合式/CB |
| 最大薪長さ（mm） | 450 |
| 材質 | 鋼板 |
| 幅×奥行き×高さ（mm） | 690×520×945 |
| 重量（kg） | 160 |
| 暖房性能（kW） | 10.6 |
| 最大暖房面積（㎡） | 95 |
| 価格（円） | 572,000 |

### トゥルーノース 10 LE

| | |
|---|---|
| 暖房方式 / 再燃焼方式 | 輻射・対流熱複合式/CB |
| 最大薪長さ（mm） | 350 |
| 材質 | 鋼板 |
| 幅×奥行き×高さ（mm） | 543×378×654 |
| 重量（kg） | 110 |
| 暖房性能（kW） | 8.0 |
| 最大暖房面積（㎡） | 65 |
| 価格（円） | 297,000 |

▶▶▶ グリーンフッド　TEL 03-6426-5391　greenhood.jp

### 2100 ミレニアム レッグ

| | |
|---|---|
| 暖房方式 / 再燃焼方式 | 輻射・対流熱複合式/CB |
| 最大薪長さ（mm） | 450（縦置き時） |
| 材質 | 鋼板 |
| 幅×奥行き×高さ（mm） | 600×677×713 |
| 重量（kg） | 106 |
| 暖房性能（kW） | 12.9 |
| 最大暖房面積（㎡） | 195 |
| 価格（円） | 528,000 |

### 4300 ミレニアム

| | |
|---|---|
| 暖房方式 / 再燃焼方式 | 輻射・対流熱複合式/CB |
| 最大薪長さ（mm） | 500 |
| 材質 | 鋼板 |
| 幅×奥行き×高さ（mm） | 667×728×820 |
| 重量（kg） | 143 |
| 暖房性能（kW） | 18.0 |
| 最大暖房面積（㎡） | 279 |
| 価格（円） | 682,000 |

◀◀◀ ダッチウエストジャパン　TEL 0155-24-6085　https://www.dutchwest.co.jp

## アメリカ

# クワドラファイア

アラン・トラスラーとダン・ヘンリーによって 1979 年に設立されたアラジンスチールプロダクツ。その薪ストーブブランドがクワドラファイアである。独自の燃焼システム“クワドラバーンシステム（四次燃焼）”で特許を取得。4 つのエリアで徹底燃焼し、高効率燃焼とクリーン性を実現した。自動燃焼制御システム等、性能と機能性を高める開発を次々に行っている。

### アスペン C3

| | |
|---|---|
| 暖房方式 / 再燃焼方式 | 輻射熱式/CB |
| 最大薪長さ（mm） | 400 |
| 材質 | 鋳鉄 |
| 幅×奥行き×高さ（mm） | 406×691×637 |
| 重量（kg） | 97 |
| 暖房性能（kW） | 10.2 |
| 最大暖房面積（㎡） | 111 |
| 価格（円） | 365,200～ |

ダッチウエストジャパン　TEL 0155-24-6085

## アメリカ

## バーモントキャスティングス

満足に機能する薪ストーブが少なかった 1970 年代、「高性能で良いデザインの薪ストーブ」をテーマにマーリー・ハウエルとダンカン・サイムによって設立したバーモントキャスティングス。市販第一号は、デザイン画の段階から販売予定の 200 台を売り上げたという伝説をもつ。同社は触媒式薪ストーブの代名詞的存在だが、2013 年に触媒とクリーンバーンを融合したフレックスバーンを発売。わが国でも好評を得ている。

### ディスカバリー I

| | |
|---|---|
| 暖房方式 / 再燃焼方式 | 輻射・対流熱複合式/CB |
| 最大薪長さ（mm） | 450(縦置き時) |
| 材質 | 鋼板 |
| 幅×奥行き×高さ（mm） | 613×675×907 |
| 重量（kg） | 129 |
| 暖房性能（kW） | 12.9 |
| 最大暖房面積（㎡） | 195 |
| 価格（円） | 528,000 |

ダッチウエストジャパン　https://www.dutchwest.co.jp

### ダントレス フレックスバーン

| | |
|---|---|
| 暖房方式 | 輻射・対流熱複合式 / フレックスバーン |
| 最大薪長さ（mm） | 400 |
| 材質 | 鋳鉄 |
| 幅×奥行き×高さ（mm） | 625×651×654 |
| 重量（kg） | 176 |
| 暖房性能（kW） | 14.4(非触媒式) |
| 最大暖房面積（㎡） | 185 |
| 価格（円） | 613,800～ |

### アンコール

| | |
|---|---|
| 暖房方式 / 再燃焼方式 | 輻射・対流熱複合式/触媒 |
| 最大薪長さ（mm） | 550 |
| 材質 | 鋳鉄 |
| 幅×奥行き×高さ（mm） | 686×615×663 |
| 重量（kg） | 214 |
| 暖房性能（kW） | 14.0 |
| 最大暖房面積（㎡） | 214 |
| 価格（円） | 767,800～ |

### イントレピッド フレックスバーン

| | |
|---|---|
| 暖房方式 / 再燃焼方式 | 輻射熱式/フレックスバーン |
| 最大薪長さ（mm） | 360 |
| 材質 | 鋳鉄 |
| 幅×奥行き×高さ（mm） | 568×581×662 |
| 重量（kg） | 158 |
| 暖房性能（kW） | 10.8(非触媒式) |
| 最大暖房面積（㎡） | 167 |
| 価格（円） | 547,800～ |

ダッチウエストジャパン　TEL 0155-24-6085　https://www.dutchwest.co.jp

### リンカーン 8060 ハイブリッド

| | |
|---|---|
| 暖房方式 / 再燃焼方式 | 輻射熱式/ハイブリッド |
| 最大薪長さ（mm） | 400 |
| 材質 | ソープストーン＋鋳鉄 |
| 幅×奥行き×高さ（mm） | 353×540×640 |
| 重量（kg） | 90 |
| 暖房性能（kW） | 6.7 |
| 最大暖房面積（㎡） | 53 |
| 価格（円） | 583,000 |

長野総商　TEL 0267-32-2353

## アメリカ

## ハースストーン

1978 年の創業以来ソープストーン製薪ストーブを作り続けているハースストーン社。製品の半分ほどは鋳鉄製モデルが占めるが、その全てに燃焼室内にも蓄熱力の高いソープストーンを用いている。アメリカの厳しい排出ガス規制をクリーンバーン再燃焼方式でクリアしているが、さらに触媒を併用したハイブリッド再燃焼方式によって米環境基準を大きく下回っている。このハイブリッド再燃焼は全てのモデルに搭載されている。

### デファイアント

| | |
|---|---|
| 暖房方式 / 再燃焼方式 | 輻射・対流熱複合式/触媒 |
| 幅×奥行き×高さ（mm） | 833×650×763 |
| 最大薪長さ（mm） | 630 |
| 材質 | 鋳鉄 |
| 重量（kg） | 235 |
| 暖房性能（kW） | 16.4 |
| 最大暖房面積（㎡） | 260 |
| 価格（円） | 837,100～ |

ダッチウエストジャパン　https://www.dutchwest.co.jp

## キャッスルトン 8031 ハイブリッド

| | |
|---|---|
| 暖房方式 / 再燃焼方式 | 輻射熱式/ハイブリッド |
| 最大薪長さ（mm） | 450 |
| 材質 | ソープストーン＋鋳鉄 |
| 幅×奥行き×高さ（mm） | 628×583×660 |
| 重量（kg） | 215 |
| 暖房性能（kW） | 13.2 |
| 最大暖房面積（㎡） | 139 |
| 価格（円） | 803,000～ |

## グリーンマウンテン 60 ハイブリッド

| | |
|---|---|
| 暖房方式 / 再燃焼方式 | 輻射熱式/ハイブリッド |
| 最大薪長さ（mm） | 450 |
| 材質 | 鋳鉄 |
| 幅×奥行き×高さ（mm） | 660×460×760 |
| 重量（kg） | 183 |
| 暖房性能（kW） | 17.5 |
| 最大暖房面積（㎡） | 180 |
| 価格（円） | 770,000 |

## クラフツバリー 8392 ハイブリッド

| | |
|---|---|
| 暖房方式 / 再燃焼方式 | 輻射熱式/ハイブリッド |
| 最大薪長さ（mm） | 400 |
| 材質 | ソープストーン＋鋳鉄 |
| 幅×奥行き×高さ（mm） | 600×450×730 |
| 重量（kg） | 160 |
| 暖房性能（kW） | 11.7 |
| 最大暖房面積（㎡） | 126 |
| 価格（円） | 693,000～ |

◀◀◀ 長野総商　TEL 0267-32-2353　http://www.naganosohsyo.co.jp ◀

## マンチェスター 8362 ハイブリッド

| | |
|---|---|
| 暖房方式 / 再燃焼方式 | 輻射熱式/ハイブリッド |
| 最大薪長さ（mm） | 560 |
| 材質 | 鋳鉄 |
| 幅×奥行き×高さ（mm） | 768×508×787 |
| 重量（kg） | 235 |
| 暖房性能（kW） | 21.0 |
| 最大暖房面積（㎡） | 216 |
| 価格（円） | 1,001,000～ |

## シェルバーン 8372 ハイブリッド

| | |
|---|---|
| 暖房方式 / 再燃焼方式 | 輻射熱式/ハイブリッド |
| 最大薪長さ（mm） | 450 |
| 材質 | 鋳鉄 |
| 幅×奥行き×高さ（mm） | 670×500×760 |
| 重量（kg） | 183 |
| 暖房性能（kW） | 17.5 |
| 最大暖房面積（㎡） | 180 |
| 価格（円） | 792,000～ |

## ヘリテイジ 8024 ハイブリッド

| | |
|---|---|
| 暖房方式 / 再燃焼方式 | 輻射熱式/ハイブリッド |
| 最大薪長さ（mm） | 530 |
| 材質 | ソープストーン＋鋳鉄 |
| 幅×奥行き×高さ（mm） | 700×483×768 |
| 重量（kg） | 242 |
| 暖房性能（kW） | 17.5 |
| 最大暖房面積（㎡） | 185 |
| 価格（円） | 957,000～ |

## ピキャンオーブン

| | |
|---|---|
| 暖房方式 / 再燃焼方式 | 輻射熱式/―― |
| 最大薪長さ（mm） | 300 |
| 材質 | 鋼板 |
| 幅×奥行き×高さ（mm） | 550×560×825 |
| 重量（kg） | 120 |
| 暖房性能（kW） | 11.0（定格） |
| 最大暖房面積（㎡） | ―― |
| 価格（円） | 627,000 |

▶▶▶　メトス　TEL 03-3542-0333　metos.co.jp

## オーストラリア

### ネクター

オーストラリア南オーストラリア州アデレードに本拠を構えるピキャン。「炎がつくり出す暖かさ以外に幸福を与えるものはない」という創始者ピーター・キャノンのポリシーを今でも基本コンセプトとして貫いている。同社を代表するピキャンオーブンは、オーストラリア先住民族（アボリジニー）のコミュニティから自分たちでも使いやすいコンパクトなクッキングオーブンを、というリクエストによって開発された。

## マンスフィールド 8013 ハイブリッド

| | |
|---|---|
| 暖房方式 / 再燃焼方式 | 輻射熱式/ハイブリッド |
| 最大薪長さ（mm） | 530 |
| 材質 | ソープストーン＋鋳鉄 |
| 幅×奥行き×高さ（mm） | 686×610×775 |
| 重量（kg） | 274 |
| 暖房性能（kW） | 23.4 |
| 最大暖房面積（㎡） | 225 |
| 価格（円） | 979,000～ |

▶▶▶ 長野総商　http://www.naganosohsyo.co.jp ◀

## アグニ CC

| 燃焼方式 / 再燃焼方式 | 輻射熱式/CB+触媒 |
|---|---|
| 最大薪長さ（mm） | 450 |
| 材質 | 鋳鉄 |
| 幅×奥行き×高さ（mm） | 595×550×660〜680 |
| 重量（kg） | 200 |
| 暖房性能（kW） | 10.0 |
| 最大暖房面積（㎡） | 未発表 |
| 価格（円） | 594,000 |

## アグニ C

| 燃焼方式 / 再燃焼方式 | 輻射熱式/CB+触媒 |
|---|---|
| 最大薪長さ（mm） | 550 |
| 材質 | 鋳鉄 |
| 幅×奥行き×高さ（mm） | 660×640×710〜730 |
| 重量（kg） | 240 |
| 暖房性能（kW） | 13.4 |
| 最大暖房面積（㎡） | 未発表 |
| 価格（円） | 665,500 |

日本

# 岡本

1560年の創業以来、鋳物製造一筋の岡本。鋳物製ながら一体式の本体は気密性が高く、その技術の高さが窺える。和テイストのデザインは、わが国の住宅にマッチするのも大きな特徴。また、どのモデルもクリーンバーンと触媒を組み合わせることで排気煙量を最小限に抑えている。鋳物の厚さや気密性などから、針葉樹も安心して燃やすことができる。2024年のプロジェット・フォーコに出品し、デザイン性の高さや高性能さで欧州のプロたちに喝采を浴びた。

## MD140 III

| 燃焼方式 / 再燃焼方式 | 輻射熱式/茂木プレート |
|---|---|
| 最大薪長さ（mm） | 450 |
| 材質 | 鋼板 |
| 幅×奥行き×高さ（mm） | 470×672×730 |
| 重量（kg） | 107 |
| 暖房性能（kcal/h） | 33,477 |
| 価格（円） | 594,000 |

◀◀◀ モキ製作所 TEL 026-275-2116

日本

# モキ製作所

昭和43年創業、信州の地で薪ストーブを手がけるモキ製作所。環境ビジネスの先駆けとして薪ストーブの開発に注力し、独自技術「茂木プレート」（日独米中特許）を発明。二次燃焼の効率を飛躍的に高めることで煙の発生を抑え、従来の薪ストーブが抱える課題を解決した“無煙薪ストーブ”シリーズを展開。広葉樹・針葉樹はもちろん、竹まで燃料にできる多用途性も備え、日本の薪ストーブ文化を支えている。

## アグニ　ヒュッテ

| 燃焼方式 / 再燃焼方式 | 輻射熱式/CB+触媒 |
|---|---|
| 最大薪長さ（mm） | 350 |
| 材質 | 鋳鉄 |
| 幅×奥行き×高さ（mm） | 330×700×640〜660 |
| 重量（kg） | 140 |
| 暖房性能（kW） | 8.1 |
| 最大暖房面積（㎡） | – |
| 価格（円） | 480,700 |

▶▶▶ 岡本 https://agni1560.com/eng/ ◀

## MC95

| 燃焼方式 / 再燃焼方式 | 輻射熱式/茂木プレート |
|---|---|
| 最大薪長さ（mm） | 400 |
| 材質 | 鋼板 |
| 幅×奥行き×高さ（mm） | 522×686×930 |
| 重量（kg） | 121 |
| 暖房性能（kcal/h） | 22,800 |
| 価格（円） | 638,000 |

## MD80 IV

| 燃焼方式 / 再燃焼方式 | 輻射熱式/茂木プレート |
|---|---|
| 最大薪長さ（mm） | 400 |
| 材質 | 鋼板 |
| 幅×奥行き×高さ（mm） | 401×648×529 |
| 重量（kg） | 67 |
| 暖房性能（kcal/h） | 9,900（定格） |
| 価格（円） | 308,000 |

## MD120 IV K

| 燃焼方式 / 再燃焼方式 | 輻射熱式/茂木プレート |
|---|---|
| 最大薪長さ（mm） | 700 |
| 材質 | 鋼板 |
| 幅×奥行き×高さ（mm） | 401×973×529 |
| 重量（kg） | 88 |
| 暖房性能（kcal/h） | 15,900（定格） |
| 価格（円） | 363,000 |
| 1.6升用羽釜別売（円） | 14,300 |

▶▶▶ モキ製作所 TEL 026-275-2116 www.moki-ss.co.jp ◀

### オーロラ スマート II アクア

| | |
|---|---|
| 燃焼方式 / 再燃焼方式 | 輻射熱式/CB |
| 最大薪長さ（mm） | 300（縦置き450） |
| 材質 | 鋼板 |
| 幅×奥行き×高さ（mm） | 723×625×1,255 |
| 重量（kg） | 185 |
| 暖房性能（kw） | 10.2 |
| 最大暖房面積（㎡） | 132.4 |
| 価格（円） | 709,500 |

### オーロラ スマート ミニ

| | |
|---|---|
| 燃焼方式 / 再燃焼方式 | 輻射・対流熱式/CB |
| 最大薪長さ（mm） | 350 |
| 材質 | 鋼板 |
| 幅×奥行き×高さ（mm） | 540×566×770 |
| 重量（kg） | 95 |
| 暖房性能（kw） | 8.0 |
| 最大暖房面積（㎡） | 99.3 |
| 価格（円） | 352,000 |

夢ハウス　TEL 0254-21-5511　http://www.yume-h.com

## 日本

## 夢ハウス

「暖房革命」を標榜する夢ハウスの「AURORA」。同社は工務店ながらオリジナル薪ストーブ AURORA シリーズを開発。住宅購入者の多くが AURORA を設置するという。ラインナップは全 6 モデル。通常の暖房器具としての薪ストーブの他に、薪ストーブで得た余熱を利用して温水暖房や給湯機能も付いた AQUA シリーズも人気を呼んでいる。どのモデルもガラス面を大きく取り、鋼板製二重構造により高耐久性を実現している。

### キューブ FLAME TypeE

| | |
|---|---|
| 燃焼方式 / 再燃焼方式 | 輻射・対流熱式/CB |
| 最大薪長さ（mm） | 350 |
| 材質 | 鋼板 |
| 幅×奥行き×高さ（mm） | 495×370×556～976 |
| 重量（kg） | 98 |
| 暖房性能（kW） | 7.3 |
| 最大暖房面積（㎡） | 70 |
| 価格（円） | 393,800 |

日鉄工営　TEL 045-364-8030
https://www.nittetsukohei.co.jp/

## その他の日本の薪ストーブ

我が国の薪ストーブの多くは鋼板製のもので、板厚の薄いものが多い。しかし最近では輸入薪ストーブの研究が進み、板厚 9mm のモデルが増えている。また、シングル燃焼が当たり前だった日本の薪ストーブ界だったが、クリーンバーン再燃焼を搭載したモデルに置き換わっている。ここに紹介するモデルは多くがハンドメイドの薪ストーブである。だが、純日本製だけあり、細かい部分にまで職人技を感じさせる。ただ、手作りのモデルは、オーダーから完成まで最大 2 年かかる人気モデルもある。

### オーロラ ファイヤー

| | |
|---|---|
| 燃焼方式 / 再燃焼方式 | 輻射・対流熱式/CB |
| 最大薪長さ（mm） | 450 |
| 材質 | 鋼板 |
| 幅×奥行き×高さ（mm） | 760×634×745 |
| 重量（kg） | 156 |
| 暖房性能（kw） | 12 |
| 最大暖房面積（㎡） | 231 |
| 価格（円） | 412,500 |

夢ハウス　http://www.yume-h.com

### MARK α

| | |
|---|---|
| 燃焼方式 / 再燃焼方式 | 蓄熱輻射式 |
| 最大薪長さ（mm） | 300 |
| 材質 | キャスタブル |
| 幅×奥行き×高さ（mm） | 520×520×1,050 |
| 重量（kg） | 400 |
| 暖房性能（kW） | 5.0 |
| 最大暖房面積（㎡） | – |
| 価格（円） | オープン価格 |

前出産業　TEL 0748-37-1647
http://www.maede.co.jp

### 森のストーブ

| | |
|---|---|
| 燃焼方式 / 再燃焼方式 | 輻射熱式/CB |
| 最大薪長さ（mm） | – |
| 材質 | 鋼板 |
| 幅×奥行き×高さ（mm） | 1,045×686×1,151 |
| 重量（kg） | 260 |
| 暖房性能（kW） | 7.05 |
| 最大暖房面積（㎡） | – |
| 価格（円） | 880,000 |

鉄の仕事屋　TEL 0566-76-2972
https://www.katch.ne.jp/~showsuke/

### はなび Large

| | |
|---|---|
| 暖房方式 / 再燃焼方式 | 輻射熱式/CB |
| 最大薪長さ（mm） | 500 |
| 材質 | 鋼板 |
| 幅×奥行き×高さ（mm） | 650×550×700 |
| 重量（kg） | 250 |
| 暖房性能（kW） | —— |
| 最大暖房面積（㎡） | —— |
| 価格（円） | 423,500 |

鳥倉ストーブ　TEL 090-8328-2013
www.torikura-stove.com

# WOODSTOVE RETAILER GUIDE

# 薪ストーブリテーラーガイド

薪ストーブの各輸入元が推薦する面倒見のよい薪ストーブショップをご紹介します。ここでご紹介するショップは小誌ホームページにもリンクさていますので、そちらもご覧ください。

北海道／北海道

## ダッチウエストジャパン 本社ショールーム

〒080-0010　北海道帯広市大通南 28 丁目 4 番地
**TEL 0155-24-6085　FAX 0155-26-0506**
https://www.dutchwest.co.jp/

■営業時間 10:00 ～ 17:00
■定休日 土曜・日曜・祝日　■駐車場 10 台
■取り扱いブランド
ダッチウエスト、バーモントキャスティングス、クワドラファイア、ハーマン、マジェスティック、ライス、ストバックス
■アクセス
JR 帯広駅より車で 5 分。国道 236 号線と弥生通り交差点角

**店長から**
アメリカ HHT 社が保有するブランド「ダッチウエスト」、「バーモントキャスティングス」、「クワドラファイア」、「ハーマン」、「マジェスティック」、デンマークの「ライス」、イギリスの「ストバックス」の日本総輸入元です。重厚でクラシカルな高出力モデルから、美しい炎が魅力のモダンデザイン、省エネ住宅に適合した高効率な小型モデルまで、住環境やライフスタイルに合った様々な薪ストーブを取り扱っています。薪ストーブライフに欠かせない各種アクセサリーも幅広く取り揃えています。

**設置施工**
希望に添った設置、施工に努め、安心・安全はもちろん信頼ある施工を行い、オーナーが満足の行く全国の販売代理店を紹介している。

**メンテナンス**
地域密着で活躍している専門知識をもった経験豊富な全国の販売代理店をご紹介している。

**薪の販売・斡旋・紹介**
薪についての種類・特性などのアドバイスは行っているが、直接の販売は行ってはいない。近くの薪販売店を紹介している。

## 全国薪ストーブ・リテーラーガイドの見方

① ショップ名
住所・電話・FAX・URL

〒000-0000 1-1-1
**TEL 000-123-4567　FAX 000-123-4568**
http://abcdefgfijklmn.com/

② 営業時間／定休日
駐車場の有無と
駐車可能台数

③ 薪ストーブの
取り扱いブランド

④ ショップへのアクセス

⑤ 店長からお客様へ

⑥ 施工設置に関して

⑦ メンテナンスに関して

⑧ 薪の扱いに関して

北海道／北海道

## 薪ストーブ日和 グループ

**薪ストーブ日和 旭川　コンベックス**
〒070-0024 北海道旭川市東4条3丁目1-15
**TEL 0166-73-5690　FAX 0166-73-5691**
http://re-convex.com/

**薪ストーブ日和 帯広　薪火屋**
〒080-0046 北海道帯広市西16条北2丁目39-3
**TEL 0155-67-4710　FAX 0155-67-4732**
http://www.makibiya.com

**薪ストーブ日和 函館　ファイヤピット**
〒041-0808 北海道函館市桔梗5丁目26-16
**TEL 0138-76-8010　FAX 0138-76-8081**
https://fire-pit.jp

**薪ストーブ日和 釧路　薪ストーブあかり**
〒085-0057　北海道釧路市愛国西3-1-18
**TEL 0154-65-6960　FAX 0154-65-6961**
https://akari946.com/

**薪ストーブ日和 知床　夢ファクトリー知床**
〒099-4141　北海道斜里郡斜里町字豊倉55-61
**TEL 090-6219-5546（店長携帯）　FAX 0152-23-3872**
http://yumefac.com/

コンベックス店内

薪火屋店内

**店長から**
薪ストーブ日和グループは札幌・ニセコの他に旭川、帯広、函館、釧路、知床と全道に7店舗あります。各店舗とも極寒冷地ならではの施工対策、北海道高気密住宅での設置プランニングをしっかり行っております。それぞれの地域性を考慮してお客様に寄り添ったご提案をしますのでまずはお近くのショップへご相談下さい。充実したメンテナンス体制を整えていますので各ショップが永く安心してお付き合いさせて頂きます。薪の販売に関しても良質な薪を製造している地域の提携業者をご案内しております。

北海道／北海道

## 薪ストーブ日和 リンクアップ札幌・ニセコ

**札幌本店**：〒064-0801 北海道札幌市中央区南1条西23-1-1
**TEL 011-616-6122**　http://www.h-linkup.co.jp
**ニセコ支店**：〒044-0073 北海道虻田郡倶知安町豊岡157-5
**TEL 090-9759-0973**　http://nisekostove.com

■営業時間 平日10:00～17:30、土曜・日曜10:00～16:00
■定休日 水曜・祝日・年末年始・大型連休　■駐車場 お近くのコイン駐車場をご利用ください（駐車料金当社負担）　■取り扱いブランド　ヨツール、ライス、バーモントキャスティングス、ヒタ、モルソー、レダ、スキャン、ドブレ、ネスターマーティン、ハースストーン、ヘルゴン、ストヴァックス、ハンターストーブ
■アクセス　円山本店：地下鉄東西線・円山公園駅より徒歩5分
ニセコ支店：倶知安駅より車で10分

**店長から**
札幌本店は20台近くの薪ストーブを展示しており、秋から春は常時実演しています。ニセコ支店は2台の実演機を含めニセコエリアに最適な薪ストーブが展示されており、カントリーライフ好きの方を魅了するショールームです。北海道の高気密住宅で快適に暮らせるための薪ストーブ設置プランをご提案いたしますのでお気軽にご来店下さい。3000人動員の「薪ストーブ日和祭」も開催していますのでHPご覧下さい。

**設置施工**
豊富な実績と経験をもとに安全性を考慮した施工を行っている。取扱説明時にはより豊かな薪ストーブライフを送れるように使用方法や注意事項など詳しく丁寧に説明するよう配慮している。

**メンテナンス**
煙突掃除・メンテナンスは自社スタッフで行っている。施工後の使用状況の確認や焚き方のアドバイスもしている。他社施工のお客様のメンテナンスの相談も承っている。

**薪の販売・斡旋・紹介**
100％北海道産の木材を利用して自社生産・自社配達。広葉樹とカラマツの薪の他、焚付材や玉切材を1立米から配達。薪棚への積み上げまでを行っている。

北海道／北海道

## ファイヤーワールド函館

〒040-0077 北海道函館市弁天町14-5　暖炉・薪ストーブ展示場
**フリーダイヤル 0800-800-7016　FAX 0139-67-2227**
http://www.sasakisougyou.com/

■営業時間 11:00～18:00　■定休日 不定休・年末年始・GW・夏期休暇
■駐車場 5台
■取り扱いブランド
ヨツール、モルソー、スキャン、ライス、ヒタ、バーモントキャスティングス、ダッチウエスト、レダ、他
■ショップへのアクセス
函館駅から車で8分、市電大町駅から徒歩1分

**店長から**
1957年（昭和32年）に創業した企業の薪ストーブ部門として独立。「信頼・実績・安心」をモットーとしております。地域材をふんだんに使用した温もりの溢れる函館最大級のショールームで、ひとり、ひとりのお客様に合った「薪ストーブライフ」をご提案。また、一級建築・土木・管工事・造園管理技師が常駐しておりますので、「薪ストーブのある家」の新築から、リフォーム、造園、外溝までトータルで施工が可能でございます。

**設置施工**
安全、安心、高効率な断熱材入り二重煙突を使用し経験豊富なスタッフが安全基準に則して丁寧に施工。保証制度も確立。

**メンテナンス**
安全で丁寧な煙突の点検整備や清掃、薪ストーブ本体のメンテナンスは、すべて自社スタッフで対応。大型と小型の高所作業車を2台保有。

**薪の販売・斡旋・紹介**
弊社から薪ストーブを購入されたお客様には、自社所有林から生産した薪を「ファイヤーワールド標準規格の薪」として優先販売。

北海道／北海道

## サカシタペチカ

〒003-0023 北海道札幌市白石区南郷通10丁目北1-22
**TEL 011-863-6600　FAX 011-863-6606**
https://sakasita-pechika.com/

■営業時間 月～土9：00～18：00、日曜・祝日10：00～16：00
■定休日 不定休・年末年始・大型連休・お盆　■駐車場 5台
■取り扱いブランド
バーモントキャスティングス、ヨツール、モルソー、ネスターマーティン、ドブレ、スキャン、ダッチウエスト、ヒタ、ライス、ハースストーン、オリジナル暖炉、ペチカ、他
■アクセス　道央自道車道・札幌南ICより3分、地下鉄東西線・南郷13丁目より徒歩4分。南郷通に面したガラス張りのショールーム

**店長から**
道内一円で、薪ストーブ、暖炉、ペチカの施工・販売を行っております。店内には常時30台の薪ストーブを展示。7台は燃焼可能で、薪ストーブだけで暖房をとっています。豊富なラインナップの中から、お客様のライフスタイルにあった機種を、的確なアドバイスでお選びいたします。

**設置施工**
長く安心して使い続けられるよう、高品質な煙突部材のみを使用。設計から薪ストーブ、煙突の設置まで、トータルで責任をもって行っている。全国各地に協力店有り。

**メンテナンス**
薪ストーブの取り扱い説明から煙突掃除、オーバーホールに至るまで実施。希望者にはその都度メンテナンスの仕方も指導する。メンテナンス用品も充実。

**薪の販売・斡旋・紹介**
札幌市内近郊でナラを中心に販売。また、用途に合わせ白樺も取り扱っている。毎シーズン完売となるのでお早めに。

栃木県／関東

## ストーブショップ焔　HOMRA

〒321-1271 栃木県日光市並木町 9-8
**TEL 0288-22-6176　FAX 0288-21-2293**
https://www.stove-homra.com/

■営業時間 月～金 9:00 ～ 17:00、土 9:00 ～ 15:00
■定休日 日曜・祭日・年末年始・大型連休・お盆
■駐車場 10 台
■取り扱いブランド
欧米薪ストーブブランド各種対応、内外ペレットストーブ各種対応
■アクセス
日光道土沢 IC から車で 4 分、JR 今市駅から徒歩 12 分

**店長から**
施工エリアは栃木県内と近隣市町村まで。近年の薪供給不足・価格高騰もあり、当社ではペレットストーブを推奨しています。ペレットストーブ 12 台が常時燃焼可能なショールームは国内トップクラスです。ペレットボイラー稼働中、床暖体験できます。

**設置施工**
薪ストーブ工事は国産断熱二重煙突使用。全て自社スタッフ施工で、安全安心を末永く保証している。

**メンテナンス**
煙突掃除は、自社施工のみ請負う。ペレットストーブは初回メンテナンス無料。

**薪・ペレットの販売・斡旋・紹介**
薪は当店ユーザー様のみへの販売。ペレットは 650kg フレコン販売がお得。10kg 袋入りペレット燃料 40 袋以上で県内配送料無料（弊社ユーザーのみ）。

宮城県／東北

## 炎のある暮らし焚人-タキビト-㈱建築工房零

〒981-3213 宮城県仙台市泉区南中山4丁目 3-16
**TEL 022-725-2261　FAX 022-725-2262**
http://www.zero-pellet.com

■営業時間 10：00 ～ 17：00
■定休日 水曜・年末年始・お盆・GW　■駐車場 2 台
■取り扱いブランド　**薪ストーブ**：ネスターマーティン、ハンターストーブ、ダッチウエスト、バーモントキャスティングス、RAIS、クワドラファイア、ハーマン、HETA、モルソー、スキャン、LEDA、トラビス・インダストリーズ、パシフィックエナジー、モキ製作所、ドブレ、ハースストーン、ホンマ製作所
**ペレットストーブ**：warmArts、トヨトミ、シモタニ、西村精工、エンバイロ、リンカル、エディルカミン、MCZ、ピアツェッタ
**薪ボイラー**：エーテーオー　薪ピザ釜：エコレット・KABUTO（カブト）
■アクセス　仙台市地下鉄泉中央駅から車で 17 分

**店長から**
薪ストーブやペレットストーブ等展示機すべてが実演可能です。機器設置のみではなく、断熱改修工事などのご要望にもお応えできます。ご来店等に関しましてはお気軽にご連絡くださいませ。

**設置施工**
現調から設計、販売、施工、アフターメンテナンスまで一括した体制が整っている。自社建築以外にも、他社建築現場での施工を行うことで、豊富な施工経験がある。

**メンテナンス**
毎回のメンテナンス時には、煙突や本体の状況を分析し、燃焼方法、薪の使い方等についてアドバイスすることで、より快適にご使用頂けるようなご提案をしている。

**薪の販売・斡旋・紹介**
1 棚（1㎥）広葉樹ミックス 30,800円、針葉樹ミックス 22,000円、送料 5,500 円（仙台市内、4 棚まで）

千葉県／関東

## ファイヤーワールド千葉

〒289-1115 千葉県八街市八街ほ 35-35（須藤・薪ストーブ展示場）
**TEL 043-444-8328　FAX 043-444-8318**
http://www.fireworld-chiba.com

■営業時間 10:00 ～ 18:00　■定休日 水曜・木曜
■駐車場 7 台
■取り扱いブランド
ヨツール、モルソー、スキャン、ライス、ヒタ、バーモントキャスティングス、ダッチウエスト、レダ、他
■アクセス　東関東自動車道・酒々井 IC より 10 分、JR 総武本線・八街駅北口より徒歩 7 分

**店長から**
ショールームは国道 409 号線沿い JR 八街駅より徒歩 7 分のところにあり、常設 4 台の燃焼可能な薪ストーブで燃焼体験ができます。経験豊富なスタッフにより、薪ストーブの能力を発揮できる設置のアドバイスから薪ストーブの似合う住まい造りまで提案しています。自社運営の薪割り倶楽部で薪づくりを通してオーナーの輪を広げています。

**設置施工**
断熱材入り二重煙突を使用し、プランニングから施工・メンテナンスまで一貫して自社スタッフで行っている。

**メンテナンス**
要望に応じてメンテナンスおよび煙突掃除を随時実施（有料）。

**薪の販売・斡旋・紹介**
同社で薪ストーブを設置したユーザーに限り、自社運営の「薪割り倶楽部」への入会（無料）を勧誘し、薪づくりを支援。販売業者の紹介も行っている（要予約）。また、「ファイヤーワールド標準規格の薪」を販売。

群馬県／関東

## ファイヤーワールド前橋

〒371-0011 群馬県前橋市下沖町 114-5（株）アクティブ内（前橋店）
〒377-0007 群馬県渋川市石原 1692-2（渋川店）
**TEL 0279-25-7000　FAX 0279-25-7001**
http://www.fireworldmaebashi.com/

■営業時間 10:00 ～ 17:00（前橋店）、9:00 ～ 18:00（渋川店）
■定休日 水曜・年末年始　■駐車場 10 台（前橋店）、4 台（渋川店）
■取り扱いブランド
ヨツール、モルソー、スキャン、ライス、ヒタ、バーモントキャスティングス、ダッチウエスト、レダ、他
■アクセス　JR 渋川駅より徒歩 20 分、関越道渋川・伊香保 IC より車で 5 分

**店長から**
営業エリアは新潟地域、群馬県全域および埼玉県北部、軽井沢地域までをカバーしています。ショールームには常時 15 機種以上を展示。2 機種の薪ストーブでオーロラの炎を楽しめます。またアクセサリーやメンテナンス用品、チェンソーや薪割機、風見鶏なども扱っています。住まいで体験ができます。

**設置施工**
経験豊かなスタッフが図面の段階より適切にアドバイス。新築、改築住宅にも対応。安全・高効率な断熱二重煙突を使用し、責任施工に関する保証制度も確立。

**メンテナンス**
煙突の清掃から薪ストーブ本体のメンテナンスまで、自社のスタッフが行う（有料）。

**薪の販売・斡旋・紹介**
「ファイヤーワールド標準規格の薪」を直送にて販売。

埼玉県／関東

## ファイヤーワールド埼玉

〒350-0434 埼玉県入間郡毛呂山町市場 237-1（富士薪ストーブ展示場）
**TEL 049-294-7324　FAX 049-295-8445**
http://fireworld-saitama.com

■営業時間 10：00 ～ 18：00（月～金）10：00 ～ 16：00（土曜・日曜・祝日）
■定休日 年末年始・お盆（HP をご覧下さい）■駐車場 30 台
■取り扱いブランド
ヨツール、モルソー、スキャン、ライス、ヒタ、バーモントキャスティングス、ダッチウエスト、レダ、他
■アクセス　東武越生線・川角駅より徒歩 4 分、関越自動車道・鶴ヶ島 IC より 10 分、圏央道・圏央鶴ヶ島 IC より 10 分

**店長から**
営業エリアは埼玉全域をカバーしており、地域密着体験型で 2 つの住宅兼ショールームを用意し、人と自然に優しい薪ストーブそのものを十分に実感することができます。ラボラトリー（工場）を併設しており、ユーザーオリジナルのストーブアクセサリーや薪棚、支持金具、手すりなどの建築金物や当店オリジナル製品なども製作しています。旧ショールームに加えて新ショールームもオープン。

**設置施工**
安全・高効率な断熱材入り二重煙突を使用している。新築、改築住宅にも対応。建築の知識と経験が豊富なスタッフにより設計から販売、施工、メンテナンスまで一貫責任体制で行っている。

**メンテナンス**
煙突掃除から薪ストーブ本体のメンテナンスまですべて自社スタッフが対応（有料）。また、ユーザー自身がメンテナンスできるように設計・アドバイスを行っている。

**薪の販売・斡旋・紹介**
自社で薪割機をもち、薪の販売及び販売業者の紹介も行っている。キャタピラ付自走式エンジン薪割機を予約有料でレンタル可能。また、「ファイヤーワールド標準規格の薪」を直送にて販売。

千葉県／関東

## アンデルセンストーブ松戸ショールーム

〒270-2231 千葉県松戸市稔台 6-7-5
**TEL 047-361-3800　FAX 047-362-0157**
https://www.andersen-stove.jp/showroom/

■営業時間 10：00 ～ 17：00（要予約）
■定休日 土曜・日曜・祝日・年末年始・夏季休日 ( 第 2 土曜日のみ、1 週間前までの事前予約にて承ります )
■駐車場 4 台
■取り扱いブランド Morso、LEDA
■アクセス　JR 常磐線・東京メトロ千代田線「松戸駅」、JR 武蔵野線「東松戸駅」よりタクシーで約 10 分。新京成線「みのり台駅」より徒歩 15 分

**店長から**
デンマーク王室御用達の由緒あるブランド「morso」と、工業大国ドイツ内でも優れた生産技術を誇る「LEDA」、世界を代表する2大ブランドの日本総輸入元です。薪ストーブ本来の暖かさや炎のゆらめき、歴史の奥深さを実際に体感できます。薪ストーブの他にも、関連商品の屋外用ピザオーブンmorsoliving、長年の歴史を有するオーストリアMüller製の斧、薪づくりのための必需品・シングウ薪割機など、アウトドア関連用品もございます。お気軽にお問い合わせください。

**設置施工**
全国の正規販売代理店より morso/LEDA 優良施工販売店を紹介している。設置・施工に関して長年の実績・経験を有する代理店が多数あり、要望やライフスタイルに少しでも近づけるよう薪ストーブのある生活を提案している。

**メンテナンス**
取り付け施工を行った全国の正規販売代理店が、上手な着火から焚きつけ、シーズンオフのメンテナンス方法までご指導している。

**薪の販売・斡旋・紹介**
上質で完全乾燥を施した四国産のプレミアム薪は、20kgの段ボール箱詰めで 1 箱から購入でき届いて即日使用可能。着火専用のプレミアム細薪も用意している。全国の正規販売代理店よりご購入可能。

東京都／関東

## ファイヤーワールド東京

〒131-0043 東京都墨田区立花 4-25-5（薪ストーブ・暖炉 総合展示館）
**TEL 03-3616-2871　FAX 03-3616-2872**
https://www.fireworld.co.jp/

■営業時間 月～金曜日 10:00 ～ 18:00　土曜・日曜・祝日 10:00 ～ 16:00
■定休日 不定期、年末年始、GW、夏休み（8 月中旬）　■駐車場 2 台
■取り扱いブランド
ヨツール、モルソー、スキャン、ライス、ヒタ、バーモントキャスティングス、ダッチウエスト、レダ、他
■アクセス
東武亀戸線・東あずま駅より徒歩 2 分。首都高速道路・錦糸町出口より 15 分

**店長から**
燃焼体験が可能なショールームには、北欧モダンタイプ、北米クラシカルの薪ストーブ 50 機種以上を展示しています。都内最大規模を誇る薪ストーブの総合展示館です。安全性・快適性・クリーンな薪ストーブのある暮らしを求めて二次燃焼ストーブと断熱材入り二重煙突の使用をお勧めします。

**設置施工**
都市部の住宅密集地での施工実績が豊富。高気密住宅などでの薪ストーブの使用についても、経験豊富なスタッフが設置施工を一貫責任体制で行っている。

**メンテナンス**
煙突、トップの点検整備や清掃、ストーブ本体のメンテナンスはすべて自社スタッフが行う（有料）。責任施工の保証制度も確立している。

**薪の販売**
自社直接管理の薪「ファイヤーワールド標準規格の薪」（含水率 15％以下の広葉樹薪）を販売。詳細は要問い合わせ。

埼玉県／関東

## ダッチウエストジャパン 埼玉・久喜ショールーム

〒349-1125 埼玉県久喜市高柳 2436
**TEL 0480-31-6959　FAX 0480-31-8361**
https://www.dutchwest.co.jp/

■営業時間 10:00 ～ 17:00
■定休日 土曜・日曜・祝日（土曜日は事前予約で対応可能）　■駐車場 あり
■取り扱いブランド
ダッチウエスト、バーモントキャスティングス、クワドラファイア、ハーマン、マジェスティック、ライス、ストバックス
■アクセス
東北自動車道・加須 IC より 3km、約 10 分

**店長から**
アメリカ HHT 社が保有するブランド「ダッチウエスト」、「バーモントキャスティングス」、「クワドラファイア」、「ハーマン」、「マジェスティック」、デンマークの「ライス」、イギリスの「ストバックス」の日本総輸入元です。ショールームでは 6 台のストーブが実演可能で、操作方法や暖かさ、燃焼方式による燃え方の違いなどを体験していただけます。

**設置施工**
薪ストーブを設置されるお近くの販売店を紹介している。

**メンテナンス**
近くの販売店を紹介している。

**薪の販売・斡旋・紹介**
近くの販売店を紹介している。

東京都・茨城県／関東

## メイク 東京ショールーム

〒101-0043 東京都千代田区神田富山町 5-1 神田ビジネスキューブ 1F
**TEL 03-6418-4822**
〒300-0847 茨城県土浦市卸町 2-5-25（つくばショールーム）
**TEL 029-841-5147　FAX 029-843-8421**
jotul.co.jp , scan-stove.jp , norwegianstyle.jp , babydan.jp

■営業時間 10:00 ～ 17:00 ■定休日 土・日曜、祝祭日、お盆、年末年始
■定休日 土・日曜、お盆、年末年始　■駐車場 なし（つくばはあり）
■取り扱いブランド　ヨツール、スキャン　■アクセス　東京 SR：JR 神田駅・銀座線神田駅徒歩約 4 分、都営新宿線岩本町徒歩約 3 分　　つくば：JR 常磐線・荒川沖駅からつくばセンター行きバス（学園並木経由）、またはつくばエクスプレス・つくば駅から荒川沖駅行きバス（学園並木経由）で土浦産業 学院前下車徒歩 7 分。常磐道・桜土浦 IC から 5 分。

**店長から**
北欧ノルウェーの「ヨツール社」とデンマークの「スキャン社」の日本総代理店。ブランドコンセプトの「世代を超えて受け継がれる製品」を表現し、北欧の世界観を体感して頂ける「北欧ライフの居心地の良さ」の空間となっております。つくばでは 3 機種を実際に焚け、暖かさを堪能できます。他にもデンマークの「ベビーダン社」のベビーゲートやトロール人形、北欧家具や雑貨も展示。

**設置施工**
販売も含め、当社と契約している全国の代理店が行っている。詳しくは当社ホームページにて要確認。お客様の近くの代理店を紹介。

**メンテナンス**
安全・安心の全国の代理店がサポート。

**薪の販売・斡旋・紹介**
現在のところ行っていない。

東京都／関東

## メトス　東京ショールーム

〒104-0045 東京都中央区築地 6-16-1　築地 616 ビル
**TEL 03-3542-0573　FAX 03-3544-1874**
http://metos.co.jp/

■営業時間 9：00 ～ 17：30　■定休日 土・日曜、祝日、年末年始
■駐車場 なし
■取り扱いブランド
ドブレ、コンツーラ、トゥリキビ、ネクター
■アクセス
都営地下鉄大江戸線・勝どき駅より徒歩 12 分
営団地下鉄日比谷線・築地駅より徒歩 10 分

**店長から**
東京ショールームは、旧築地市場向かい、勝鬨橋のたもとのビルの 2F にございます。複数の薪ストーブを焚き比べながら商品選定ができるこのショールームでは、ガスオブジェやプライベートサウナの実演・商談も可能です。

**設置施工**
1974 年に暖炉の輸入販売を開始して以来、半世紀以上にわたり、設計から施工、メンテナンスまで一貫して行っている老舗企業。100 社以上の特約店・販売店とともに日本全国の案件対応が可能。

**メンテナンス**
全国 6 か所の営業所と 100 社以上の特約店・販売店とともに、日本全国の案件が可能。セルフメンテナンス用のアイテムもラインナップ豊富に販売している。

**薪の販売・斡旋・紹介**
SDGs の活動の一環として、地産地消、再生可能なエネルギーとしての薪の活用を推進している。薪のプロが厳選した、地元の良質な販売店を紹介している。

長野県／甲信越

## 株式会社安曇野ストーブ「Warmth（ウォームス）」

〒399-8602 長野県北安曇郡池田町大字会染 9004-9
**TEL 0261-85-2483　FAX 0261-85-2484**
http://www.sanpuusya.com

■営業時間 10:00 ～ 17：00
■定休日 火曜
■取り扱いブランド
バーモントキャスティングス、ヨツール、スキャン、モルソー、ネスターマーティン、ダッチウエスト、ドブレ、ピキャン、ヒタ、ハースストーン、豊実精工、トヨトミ、他
■アクセス　長野道安曇野 IC より車で 20 分

**店長から**
温もりのあるストーブライフを創造し、安心･安全をお届けします。4 台の実演機と 12 台のモデル機を展示しています。また、斧、ファイヤーツールなど各種アクセサリーも豊富に取りそろえています。安全で煙クレームのない焚き方をご案内しています！

**設置施工**
お客様のご要望に沿った安全第一妥協のない設置施工。降雪地域及び寒冷地の関する豊富な経験・知識を取入れ、工務店に寄り添ったプランの考案などを提案している。

**メンテナンス**
暖炉、薪・ペレットストーブを安全快適に使い続けるため、点検、消耗費の補修や交換などを提案。煙突掃除後には焚き方向上につながるアドバイスを行う。

**薪の販売・斡旋・紹介**
明瞭な価格表示。薪（原木／玉切り薪／割り薪）・薪割機レンタル・軽トラックレンタルあり。予約はお電話にて。

東京都／関東

## 東京ストーブ

〒168-0073 東京都杉並区下高井戸 2-6-2 1F
**TEL 03-6304-7994　FAX 03-6304-3726**
http://www.tokyo-stove.com/

■営業時間 平日 11:00 ～ 18:00、土日祝 10:00 ～ 18:00
■定休日 火曜　■駐車場 あり（事前にご予約を）
■取り扱いブランド
ヒタ、ネスターマーティン、ドブレ、ヨツール、コンツーラ、バーモントキャスティングス、ハンターストーブ、モルソー、トヨトミ、他
■アクセス　京王線下高井戸駅・桜上水駅から徒歩 8 分。高井戸 IC より 5 分。
甲州街道の上り方面沿い、桜井ホンダ（バイクショップ）隣り

**店長から**
当店では展示している全ストーブを実際に焚いて体感していただくことができます。炎の見え方、燃費、暖まり方、使い勝手など、気になる部分をお客様の目でお確かめください。都心部にありながら、ストーブクッキングや薪作りなどの体験イベントも開催しています。

**設置施工**
設計から施工、メンテナンスまで自社で一貫して行っている。安全性はもちろん、使い易さやメンテナンス性にも気を配って提案。

**メンテナンス**
同店で設置したユーザーには、初回の煙突掃除・本体メンテナンスを無料でお手伝いしている（交換部材等は別途）。

**薪の販売・斡旋・紹介**
広葉樹を中心に販売（要事前連絡）。また、薪割り体験もできる。

長野県／甲信越

## カントリーホーム

〒 391-0100 長野県諏訪郡原村 16267-518
**TEL&FAX 0266-79-5009**
http://countryhome.fc2web.com/

■営業時間 9:00 ～ 18:00
■定休日 不定休
■駐車場 5 台
■取り扱いブランド
ヨツール、ダッチウエスト、モルソー、スキャン、ハースストーン、エフェル、バーモントキャスティングス、アンヴィクタ、ピキャン、ヘルゴン、他
■アクセス　中央道・諏訪南 IC 下車。八ヶ岳方面に車で 5 分の右側

**店長から**
憧れの薪ストーブライフをお届けしています。デザインと炎を楽しむ薪ストーブは飽きることがありません。一緒に薪ストーブを楽しみましょう。薪割り斧やチェンソーの使い方もアドバイスしています。薪ストーブの設置は悩むことばかりだと思います。気楽にカントリーホームにお電話してください。お待ちしています。

**設置施工**
新築住宅や既存住宅にも経験豊かな技術者が対応。安全で安心できる二重煙突で施工している。設置でお悩みの方はぜひご相談を。

**メンテナンス**
薪ストーブはメンテナンスが必要。メンテナンスをしていない薪ストーブは熱効率が悪くなる。エコで環境に優しくなるために煙突掃除とメンテナンスは重要。薪ストーブのドクターとしての役割をしていると自負。

**薪の販売・斡旋・紹介**
樹種はナラ薪が中心。在庫は十分に確保しているが秋までには要注文のこと。配達は有料。薪割りの講習も行っている。

長野県／甲信越

## 長野総商

〒 389-0207 長野県北佐久郡御代田町馬瀬口 1625-83
**TEL 0267-32-2353　FAX 0267-32-2690**
http://www.naganosohsyo.co.jp/

■営業時間 月～土曜 9：00 ～ 18：30、日曜・祝日 10：00 ～ 18：30
■定休日 なし
■駐車場 8 台
■取り扱いブランド
ハースストーン、ヘルゴン、ハーゼ、他
■アクセス　上信越道・軽井沢 IC より国道 18 号で 30 分、佐久 IC より 15 分。軽井沢駅より車で 20 分、しなの鉄道御代田駅より車で 3 分

**店長から**
日本総代理店であるハースストーン、ヘルゴン、ハーゼ社の薪ストーブは全機種見ていただけます。展示してある薪ストーブのうち 10 台は実際に焚くことができ、その暖かさを体験できます、またストーブライフが楽しくなるようなアクセサリーや、メンテナンス用品も幅広く取り揃えております。是非一度お立ち寄りください。

**設置施工**
アメリカ・カナダの薪ストーブ設置技術者、アメリカ煙突安全協会の資格、及び日本暖炉ストーブ協会認定技術者が在籍。薪ストーブからフード型、手作りの暖炉まで、創業 46 年の豊富な経験によりどんなスタイルでも対応可能。暖炉・薪ストーブに関することならすべてご相談を。

**メンテナンス**
安全かつ快適に薪ストーブを使用してもうために煙突掃除は随時対応（冬期は要相談）。消耗品やメンテナンス用品なども豊富に取り揃えてある。

**薪の販売・斡旋・紹介**
薪は提携業者を紹介。おが粉を圧縮したブリケットを店頭販売。

静岡県／東海・北陸

## ファイヤーワールド御殿場

〒 412-0007 静岡県御殿場市永塚 653-2（タカショー薪ストーブ展示場）
**TEL 0550-88-1888　FAX 0550-88-1898**
http://gotenba-takasho.com/

■営業時間 月～金曜 9:00 ～ 18:00 土曜・日曜・祝日 10:00 ～ 17:00
■定休日 木曜・第 3 日曜　■駐車場 10 台
■取り扱いブランド
ヨツール、モルソー、スキャン、ライス、ヒタ、バーモントキャスティングス、ダッチウエスト、レダ、他
■アクセス　JR 御殿場線・御殿場駅より車で 20 分、東名高速道路・御殿場 IC より 20 分

**店長から**
静岡県最大級の薪ストーブ総合展示場です。ショールームには、常時 30 機種以上の北欧・北米製薪ストーブを展示し、5 機種の実演機により燃焼体験可能です。また、プロ用チェンソー、刈払機、電動工具や金物なども取り扱い、日曜大工などのアドバイスもしております。

**設置施工**
静岡県全域と富士山周辺地域をエリアとし、経験豊かなスタッフが責任施工を行う。施工に関する保証制度も確立している。

**メンテナンス**
煙突の清掃はもちろん、薪ストーブ本体のメンテナンスも自社のスタッフが行い、メンテナンスの訪問指導も行っている（有料）。

**薪の販売・斡旋・紹介**
「ファイヤーワールド標準規格の薪」を直送にて販売。

新潟県／甲信越

## ファイヤーワールド新潟

〒 957-0232 新潟県新発田市真野原外 2961-6　暖炉・薪ストーブ展示場
**TEL 0264-20-8656　FAX 0254-28-8760**
http://fireworld-niigata.com

■営業時間 9:00 ～ 18:00
■定休日 年末年始・お盆　■駐車場　10 ～ 15 台
■取り扱いブランド
ヨツール、モルソー、スキャン、ライス、ヒタ、バーモントキャスティングス、ダッチウエスト、レダ、他
■アクセス　国道 7 号線新新バイパス・聖籠インターより車で 12 分。国道 113 号線・藤塚浜より車で 3 分

**店長から**
常時 3 台に火を入れておりますので、薪ストーブの暖かさと魅力を実際に感じられます。正しい薪ストーブの使い方や焚き方を実際に体験して頂けます。

**設置施工**
安心・安全・快適で健康的な薪ストーブのある暮らしを実現するため、その家に合った設置を提案し、専門スタッフによる責任施工を行っている。

**メンテナンス**
煙突掃除や薪ストーブ本体のメンテナンスからチェンソーのメンテナンスまで対応している。

**薪の販売・斡旋・紹介**
木材業で培った経験を活かして、広葉樹・針葉樹の薪用原木と薪の販売を行っている。また、「ファイヤーワールド標準規格の薪」を直送にて販売。

愛知県／東海・北陸

## 青い空

〒487-0032 愛知県春日井市高森台 6-13-10
**TEL 0568-91-2040　FAX 0568-92-4860**
http://www.woodstove.ne.jp

■営業時間 9：00 ～ 18：00
■定休日 不定休（ご来店の際は事前にご連絡ください）
■駐車場 2 台
■取り扱いブランド
トーンヴェルク
■アクセス
東名春日井 IC から車で 15 分。中央道小牧東 IC から車で 10 分

**店長から**
ヨーロッパでのトップブランド、トーンヴェルク蓄熱型薪ストーブを取り扱っています。リビングルームをイメージしたショールームには常時 7 台のストーブが実演可能です。薪ストーブの購入をご検討されている方を対象に薪ストーブライフを体験できる施設をご用意しております。薪割り体験や薪ストーブに火を入れてみてはいかがでしょう？

**設置施工**
独自の施工方法と煙突部材を使い、次世代型住宅やパッシブハウス等の高気密住宅への設置を得意としている。

**メンテナンス**
メンテナンスでは薪のコンディション、燃焼温度、ダンパーの使用方法、薪投入タイミング、煙突の吸引力等が判るため、その結果を踏まえて適切なアドバイスをしている。

**薪の販売・斡旋・紹介**
当社での薪ストーブご購入者には、予約制で薪の販売を行っている。1st（ステール）28,000 円（税別）。また、斡旋、紹介もしている。主な樹種：クヌギ、ナラ。

愛知県／東海・北陸

## ファイヤーワールド名古屋

〒480-0105 愛知県丹羽郡扶桑町南山名字名護根 112-1（丸地園・薪ストーブ展示場）
**TEL 0587-93-7376　FAX 0587-93-9190**
https://www.maruchien.co.jp/fireworld

■営業時間 10：00 ～ 18：00　■定休日 水曜、年末年始、GW、お盆
■駐車場 4 台
■取り扱いブランド
ヨツール、モルソー、スキャン、ライス、バーモントキャスティングス、ダッチウエスト、ヒタ、レダ、他
■アクセス
名神高速道路小牧 IC より北へ 18 分。イオンモール扶桑店すぐ近く

**店長から**
昭和 37 年に庭づくりから始まった当社は炉壁の左官作業をきっかけに薪ストーブ取り扱いを開始。東海三県で設置をしています。展示は 6 台と小さなショールームですが全機種実演が可能。お好みの薪ストーブでご体感できます。また、照明器具・お庭のプランニングもおこなっているので、おうち全体の安らぎをご提案させて頂きます。

**設置施工**
安全・高効率な薪ストーブを提供するため、断熱材入り二重煙突の使用を推奨している。設計、販売、施工、メンテナンスまでトータルで行っている。

**メンテナンス**
煙突掃除や定期点検はすべて熟練したスタッフが行うため、薪ストーブ設置からメンテナンスまでお客様の安心、満足度が非常に高い。

**薪の販売・斡旋・紹介**
近郊の緑地公園等保全作業で発生した剪定枝等の紹介、当社で発生した丸太・剪定枝等の販売、また「ファイヤーワールド標準規格の薪」を直送にて販売。

岐阜県／東海・北陸

## 株式会社森の生活社　山の家ショールーム

〒505-0116 岐阜県可児郡御嵩町御嵩 1798
**TEL 0574-67-3372　FAX 0574-67-3373**
https://yamanoie.info/

■営業時間 10:00 ～ 18:00　■火曜日、お盆、年末年始　※不定期休あり。確認のうえ、お越し下さい。　■駐車場 10 台
■取り扱いブランド
ヨツール、スキャン、モルソー、レダ、ヒタ、ドブレ、コンツーラ、バーモントキャスティングス、ネクター、ネスターマーティン、他
■アクセス　東海環状道・可児御嵩 IC から約 3km、南山団地交差点を左折してすぐ左折。名鉄広見線・終点御嵩駅より南山団地方面に徒歩 5 分

**店長から**
株式会社森の生活社のショールーム「山の家」は、皆様に北欧のライフスタイルを通して、エコで暖かな暮らしをご提案しております。北欧をはじめ、世界各国の優れたブランドの暖炉・薪ストーブや、アウトドア、サウナなどに関連するさまざまな製品を 30 台以上展示・販売しています。お客さまには、デザインだけではなく、ライフスタイルにあった製品選びのアドバイスから、使い方もわかりやすくご説明しています。これからも暖炉・薪ストーブを通して、暮らしの快適さや楽しさを追求してまいります。

**設置施工**
岐阜県美濃と愛知県全域をメインエリアとして 1000 件を超える設置実績を誇る。お客様のライフスタイルやご要望に合わせた薪ストーブ選びや、メンテナンスしやすい施工方法を随時ご提案している。

**メンテナンス**
煙突掃除及び薪ストーブ本体のフルメンテナンスを会員様はもちろん、一般のお客様も対象に実施している。ショールームには、メンテナンス用品をはじめ薪ストーブライフを豊かにする様々なアクセサリーも豊富に展示している。

**薪の販売・斡旋・紹介**
乾燥薪を通年で在庫・販売し、会員様向けには未乾燥薪を期間・数量限定で特別価格にて販売している。

岐阜県／東海・北陸

## G-SQUARE（株式会社奥美濃プロデュース）

〒501-5124 岐阜県郡上市白鳥町大島 28-1
**TEL 0575-78-0291**
http://www.g-place.info/index.html

■営業時間 8:00 ～ 17:00　■定休日 月曜、火曜　■駐車場 20 台
■取り扱いブランド
ペレットストーブ：シモタニ、warmArts、リンカル、西村工業、G-PLACE、共栄製作所、トヨトミ、日鋼設計、他
薪ストーブ：ヨツール、ドブレ、モルソー、ビキャン、ネスターマーティン、ダッチウエスト、HETA、他
■アクセス　東海北陸道白鳥 IC より車で 10 分

**店長から**
当店は薪ストーブとペレットストーブの両方を取り扱っており、ペレットストーブにおいては自社オリジナルの製品も含め販売施工を行っております。今季販売開始するG-PLACE製新型ペレットストーブ「プリメーラ」は、通常の暖房機能だけでなく、床下暖房の機能も兼ねたハイブリッド型。実演機がカフェ店内に配置されています。ストーブの見学やご相談であればカフェ休業日でも対応可能です（要事前連絡）。お気軽にお問合せ下さい。

**設置施工**
専門スタッフが国内外多数のメーカー・機種からお客様にピッタリの 1 台を選び、設置施工～メンテナンスまで責任をもって対応している。

**メンテナンス**
他店で購入された方でもペレットストーブの不具合を含め気軽に相談ができる。専門スタッフが責任をもって対応している。

**薪の販売・斡旋・紹介**
薪：岐阜県産広葉樹 / 針葉樹
ペレット：ピュア 1 号（上伊那森林組合）

大阪府／近畿

## 薪クラブ（石谷林業株式会社）

〒550-0023　大阪府大阪市西区千代崎 2-19-4
**フリーダイヤル 0120-414-724　FAX 06-6581-2589**
https://www.makiclub-stove.com/

■営業時間 10:00 ～ 12:00、13:00 ～ 17:00
■定休日 土曜（不定休）・日曜・祝日　■駐車場 1 台
■取り扱いブランド　ダッチウエスト、コンツーラ、ピキャン、ドブレ、バーモントキャスティングス、ヒタ、モルソー、ヨツール、スキャン、ライス、クワドラファイア、レダ、ストバックス、アルテック、ハースストーン、ヘルゴン、ネクター、デマニンコア、他
■アクセス
阪神なんば線・ドーム前駅、地下鉄・ドーム前千代崎駅より徒歩 2 分

**店長から**
大阪ショールームでは薪ストーブとペレットストーブを実演。関西を中心に薪ストーブ販売、他地域の相談も可。機種選びからアフター、薪の確保まで安心してお付き合いができます。薪生産者の目線で、ほかとは違ったご提案やアドバイスができます。薪のある豊かな暮らしを提案する同社では、本格的なピザの焼ける大谷石の石窯キットも販売。ショールームでは見学もできます。

**設置施工**
薪ストーブやペレットストーブの販売と設置、メンテナンスもカバーしている。家庭用の石窯キットや焚火台などのアウトドア用品も取り扱い、薪のある生活の楽しみ方をユニークな視点から提案を行っている。

**メンテナンス**
薪ストーブ購入者を対象に、本体のメンテナンスや煙突掃除など、必要作業をパッケージ化し、専門の提携業者とタイアップして実施している。

**薪の販売・斡旋・紹介**
オンラインショップで全国対応。鳥取県の自社運営の原木市場から薪を全国に直送。他地域の提携薪業者から直送や、鳥取支店への引き取りも可。

滋賀県／近畿

## マックスウッド

〒527-0034 滋賀県東近江市沖野 4-3-17
**TEL 0748-23-5705　FAX 0748-26-1031**
http://www.maxwoodjapan.jp

■営業時間 9：00 ～ 18：00
■定休日 不定休（要来店予約）
■駐車場 有（大型可）
■取り扱いブランド　HETA、ドブレ、ヨツール、スキャン、ダッチウエスト、バーモントキャスティングス、ライス、ハースストーン、LEDA、他
■アクセス　名神高速・八日市 IC 出口を左へ、「札の辻」の交差点左折、IC から車で 5 分

**店長から**
薪ストーブ・暖炉専門店として2000年開業。石積暖炉（メイスンリ・ヒーター）勉学の為2013年に渡米、NC州MHA名誉会員トム・トラウト氏の元で修行。現在は薪ストーブの施工はもちろん、オリジナル暖炉、石積暖炉、業務用かまど、業務用ピザ窯・パン窯など全国各地からご依頼を受けるようになりました。フィンランドからスローヒーター、サウナ、HOT TUBを直輸入しています。

**設置施工**
かまど、組石暖炉、特殊暖炉は全国対応（実績多数）。一般社団法人日本暖炉ストーブ協会正会員。

**メンテナンス**
弊社施工初年度のお客様にはご自宅にて詳しくお取扱いのご説明を実施。シーズン使用後のメンテナンスも承っている。

**薪の販売・斡旋・紹介**
主に県内で計画伐採された広葉樹薪（600 トン / 年）を販売している「薪場王」をご紹介。地元材木店から出る端材は無償配布。

兵庫県／近畿

## ハリマ興産

〒675-1352　兵庫県小野市復井町 265-2
**TEL 0794-66-5070　FAX 0794-66-5071**
https://www.harima-kousan.co.jp/

■営業時間 9:00 ～ 18:00
■定休日 水曜・日曜・祝日
■駐車場 10 台
■取り扱いブランド
モルソー、ドブレ、コンツーラ
■アクセス　中国自動車道の滝野社 IC より 10 分。山陽自動車道の三木・小野 IC より 15 分

**店長から**
耐久性に優れる北欧の有名ブランドをメインに取り扱っています。常時約 20 台を展示しており、小野市以外にも豊岡、山崎にショールームを構え、兵庫の風土に適した独自の薪ストーブ文化の定着を目指しています。メンテナンスや薪の購入なども徹底的にサポートします。また土佐の鍛造士による薪割斧など、本物志向の商品を取り揃えています。

**設置施工**
兵庫県を中心に隣県まで対応。上手な使い方の手ほどきから、雨漏りや火災時の対処、煙突掃除、薪の確保など、トータルサポートを実施している。

**メンテナンス**
有料（物件により費用は異なる）で煙突掃除＆点検を請け負う。同店以外で取り付けた場合は PL 法の関係により、メンテナンスできないこともある。

**薪の販売・斡旋・紹介**
大量の薪をストックしている。価格は 200 円～（税別）。同店以外のユーザーには専門業者を紹介。

兵庫県／近畿

## ダッチウエストジャパン　大阪ショールーム

〒 559-0034 大阪府大阪市住之江区南港北2-1-10 ATCビルITM棟9F IHPC（ATC輸入住宅促進センター）A ZONE内
**TEL 06-6615-5432**
https://www.dutchwest.co.jp

■営業時間 10:00 ～ 18:00　■定休日 水曜（祝祭日を除く）
■駐車場 施設駐車場利用（有料）
■取り扱いブランド
ダッチウエスト、バーモントキャスティングス、クワドラファイア、ハーマン、マジェスティック、ライス、ストバックス
■アクセス　南港ポートタウン線『トレードセンター前』駅直結

**店長から**
南港ポートタウン線『トレードセンター前』駅に直結しておりアクセス抜群。輸入建材の総合展示場として広く知られ、情報収集の場として、イベントの開催やショッピングで賑わう ATC。同ビル 9F の IHPC（ATC 輸入住宅促進センター内）に展示場があり、自由に見学が可能です。取り扱いブランドの薪ストーブを展示中です。

**設置施工**
近くの販売店を紹介している。

**メンテナンス**
近くの販売店を紹介している。

**薪の販売・斡旋・紹介**
近くの販売店を紹介している。

福岡県／九州

## AMA 工房

〒811-2405 福岡県糟屋郡篠栗町篠栗 4176-9
**TEL 092-410-6960　FAX 092-410-6961**
http://www.amakobo.co.jp

■営業時間 10：30 ～ 18：00
■定休日 woodstove ギャラリー 不定休（ご来店の際はお電話を）
■駐車場 2 台
■取り扱いブランド
バーモントキャスティングス、ヨツール、スキャン、モルソー、ネスターマーティン、ダッチウエスト、ドブレ、ピキャン、ヒタ、ハースストーン、他
■アクセス　九州自動車道・福岡 IC より約 15 分

**店長から**
暖炉・薪ストーブの設置、施工、メンテナンスに関して 46 年間の実績をもつ専門ショップです。機種ごとの燃え方を確認できるように、2 台の実演機と 17 台のモデル機を展示しています。また、斧、ファイヤーツールなど各種アクセサリーも豊富に取りそろえています。上手な燃やし方にはこだわりを持っています！

**設置施工**
安全第一の設置・施工をモットーに設計を行い、45 年間無事故の実績をもつ。建築士・インテリアプランナーが在籍し、ユーザーの要望に応えている。

**メンテナンス**
暖炉・薪ストーブを安全快適に使い続けるため、シーズンの終わりに煙突の点検、使い始める前までに消耗費の補修や交換を勧めている。煙突掃除等のメンテナンスも請け負う。

**薪の販売・斡旋・紹介**
乾燥した薪の販売店を紹介しているほか、不定期で薪作り会を開催。

岡山県／中国

## ファイヤーワールド岡山

〒708-0006 岡山県津山市小田中 2270-2（兵恵建設・薪ストーブ展示場）
**TEL 0868-35-2633　FAX 0868-35-2338**
https://fireworld-okayama.com/

■営業時間 10:00 ～ 17:00（月～土曜）、10:00 ～ 16:00（日・祝）
■定休日 不定期、年末年始、GW、夏季休暇
■駐車場 10 台
■取り扱いブランド　ヨツール、モルソー、スキャン、ライス、ヒタ、バーモントキャスティングス、ダッチウエスト、レダ、他
■アクセス　JR 津山駅より車で 10 分、中国自動車道・津山 IC より 15 分、院庄 IC より 5 分

**店長から**
岡山県を中心に中国地方近県を営業エリアとしています。北欧、北米の薪ストーブとメンテナンス用品・ストーブアクセサリーを多数展示・販売しております。木の温もり溢れるショールームで実際に薪ストーブの炎を眺めながら、ストーブのある暮らしの暖かさ、雰囲気を体感いただけます。お客様ひとりひとりに合わせた安全で快適な薪ストーブライフをご提案いたします。

**設置施工**
安全・高効率な断熱材入り二重煙突を使用している。新築・既存住宅問わず、建築の知識と経験が豊富なスタッフにより、安全な設計・施工を一貫して行っている。

**メンテナンス**
煙突掃除およびストーブ本体のメンテナンスを自社スタッフが対応（有料）。またユーザー自身が煙突掃除できるように設計、アドバイスを行っている。

**薪の販売・斡旋・紹介**
薪の販売および販売業者の紹介を行っている。また、「ファイヤーワールド標準規格の薪」を直送にて販売。

熊本県／九州

## 薪ストーブなごみ

〒865-0023 熊本県玉名市大倉 471-3
**TEL 0968-73-7675**
https://makisutobu-nagomi.com/

■営業時間 9：00 ～ 18：00　■定休日 日曜（南阿蘇ショールームは予約制で営業します）　■駐車場 7 台
■取り扱いブランド　ネスターマーティン、アルテック、ヨツール、スキャン、モルソー、LEDA、アグニ、ピキャン、アンヴィクタ、ドブレ
■アクセス
国道 208 号線と玉名バイパスを左折し 1 つ目の信号を左折、伊倉方面に約 200m で右側に薪ストーブなごみの看板。そこを右折道なり約 300m

**店長から**
営業エリアは九州全域を網羅しています。熊本県と長崎県をメインに営業しております。弊社では年に 1 回イベントなども行っていて、お客様同士での交流もできるとご好評いただいております。11 月にイベント「なごみ祭」開催。

**設置施工**
建築板金業を営んでいた関係で、屋根工事と薪ストーブ工事を同時に施工することを得意としている。屋根抜き工事でもプロとしてアフターフォーローの面で安心して依頼できる。もちろん薪ストーブのメンテナンスもお任せください。

**メンテナンス**
フルメンテナンスも行うが、煙突の状態、薪ストーブの状態を見て、メンテナンスの頻度やユーザー自身でできることをアドバイス。

**薪の販売・斡旋・紹介**
薪は付き合いのある薪業者を紹介したり、ユーザー自身で薪を集める場合は伐採現場など紹介するようにしている。

福岡県／九州

## ファイヤーワールド福岡

〒816-0846 福岡県春日市下白水南 6 丁目 186（五大・薪ストーブ展示場）
**TEL 092-405-4545　FAX 092-405-4565**
http://www.go-dai.jp/

■営業時間 10：00 ～ 18：00（予約制）
■定休日 月曜・年末年始　■駐車場 5 台
■取り扱いブランド
モルソー、レダ、ヨツール、スキャン、ライス、ヒタ、バーモントキャスティングス、ダッチウエスト、レダ、他
■アクセス　JR 博多南線・博多南駅より徒歩 10 分

**店長から**
ファイヤーワールド福岡は、九州最大級のショールームに 30 台以上の薪ストーブ・暖炉を展示しています。北米や北欧の最新の薪ストーブを見て触れることができます。九州全県・山口県を施工範囲とし、新築住宅はもちろん古民家や RC 造の建築にも最適な設置ができるようなプランをご提案致します。尚、ご来店者の増加に伴い、お打ち合わせに要するお時間確保のため、予約制とさせて頂きます。お手数ですが、お電話にてご予約をお願い致します。オーディオやオートバイ等、店長の趣味で溢れる楽しいお店です！

**設置施工**
設置・施工については、安全・高効率な断熱二重煙突を全てに使用し、建築施工管理技士が責任施工を実施。法人としての建設業許可を有し、保証体制も確立している。福岡県知事許可(般-1)第 104560 号。

**メンテナンス**
煙突の清掃及び薪ストーブのオーバーホールを、構造を熟知した弊社エンジニアが有料にて行っている（弊社施工に限る）。

**薪の販売・斡旋・紹介**
エンジン式・電動式薪割機を、予約制＆有料にてレンタルしている。時間や料金については直接問い合わせを。また、「ファイヤーワールド規格の乾燥薪」を直送にて販売。初心者を対象に体験会を実施、薪づくりのお手伝いをしている。

薪ストーブライフ ＋ 建築家　コラボ企画
私たちと
薪ストーブの
ある家を
つくりませんか
公共施設、
住宅リノベーション
から新築まで!

設計：松原正明建築設計室
薪ストーブ：スキャン アンデルセン10
撮影：林 雅之

# 薪ストーブのある理想の住まいへの第一歩

私たちは薪ストーブという暖房設備機器にこだわった雑誌を発行して9年を迎えました。創刊号より薪ストーブが設置された住宅や公共施設を取材いたしておりましたが、わが国の薪ストーブ普及をさらに一歩進めるために、専門家との緊密な連携によって、本当に薪ストーブとの相性の良い住まいをご提案したいと考えました。

協力いただくのは「薪ストーブのある住まい」を得意とする建築家たち。建築家自らも20年以上のベテラン薪ストーブユーザーですので、思わぬアイデアや使い勝手の良い住宅を設計してくれること間違いありません。もちろん本分である建築に関しても数十棟を設計監理している方々なので安心して依頼できます。

弊誌では100機種以上の取材と論評から公平公正な視点に立って、依頼主のご希望を斟酌しながら機種選定のアドバイスや設置など総合的な薪ストーブのコンサルティングを行います。

また、薪ストーブは家と共に一生涯つき合う重要なアイテムです。設置業者に関しても信頼のおける弊誌リテーラーガイドに掲載されている優良薪ストーブショップを適宜紹介・依頼します。

さあ、私たちと「薪ストーブのある家」をつくりましょう。まずはご相談を!

## 今回参加いただいた2名の建築家

### カッコイイよりここちいい

**木々設計室**

https://www.kigisekkei.com

松原正明
(まつばら まさあき)
薪ストーブ設置設計
事例48件

古い日本の家屋は自然の恵みをうまく利用していました。軒が深いことで夏の強い陽射しを遮り、冬には日足の長い陽の光を室内に採り入れていました。植物、土などの自然素材でつくられた家は改修がし易く解体時にも再利用や処分がしやすくなっていました。これらを今の住宅にとりいれることは、コストや防火上の規制、敷地の広さなどにより難しいのですが、出来るだけ太陽、風、雨などの自然の働きを活かし、現在の優れた技術と融合させながら快適に暮らしていける家を設計したいと思っています。

無垢の構造材、床板と漆喰壁。20年以上前から松原正明建築設計室定番の仕上げ材です。足、手、暮らしのなかでいつも肌に触れる感触を大切にしたいと思っています。

無垢の床は傷だらけになっても安っぽくはなりません。漆喰は真っ白に見えますが、人と家具が入って光が床に反射するとやわらかな色合いに感じます。日だまりが暖かく、床の堅さが心地よい。そんな何気ないあたりまえの日常を暮らせる家をつくりたいと思っています。

薪ストーブは手がかかるもの、だからこそ楽しい。"火とともにある暮らし"を設計から薪集めまでサポートいたします。

### 楽しく気持ち良く過ごす

**1級建築士事務所 KIJIMA建築工房**

http://www5a.biglobe.ne.jp/~kijima

木島 浩
(きじま ひろし)
薪ストーブ設置設計
事例19件

自分自身「木」が好きで、主に木造の住まいの設計監理をしています。基本的には、構造材、内装材、全て国産材を使っています。国産材は、耐久性・美観性に優れ、日本の森林環境保全の点からもお薦めです。それに合わせて、漆喰の左官仕上、手漉き和紙の仕上、自然塗料での仕上等、いろいろな自然素材もお薦めです。

自然素材は扱い易いものも多く、施主にDIYでのアドバイスやサポートも行っています。設計では、施主の想いや理想をまとめ、自然素材の魅力を十分に引出し、毎日の生活が楽しく気持ち良く過ごせる家を考えています。

また、自分自身「火」が好きなこともあり、自宅では20年程前から薪ストーブを使っています。薪ストーブがどれほど素晴らしいかと言えば人生変わるほどの素晴らしさです。そしてまた、薪ストーブでどれほど苦労が掛かるかと言えば人生変わるほどの苦労です。

薪ストーブライフでの一つひとつについて、より素晴らしく、余計な苦労はしないように、自分自身の経験を踏まえて家の設計にプラスアルファを加えた、末永く楽しめる薪ストーブライフのご提案も用意しています。

**ご相談はお気軽に下記までご連絡ください**


**薪ストーブライフ編集部**

〒168-0063 東京都杉並区和泉4-46-10

TEL 03-6768-1680 FAX 03-6768-9680

https://www.mokuzitusya.jp/?page_id=390 担当：中村雅美（編集長）


※以下のことにご注意ください

●弊社が推薦する設計事務所の中から設計監理の依頼をすること。●薪ストーブもしくはペレットストーブを必ず設置すること。●竣工後、弊誌からの取材をお受けいただくこと。

**「ストーブのある家」を設計する建築家募集!**

薪ストーブライフ-建築家コラボ企画にご協力いただけませんか?
今までに薪ストーブのある家/施設を設計したことのある建築家を募集します。作品をご郵送ください。追ってご連絡いたします。


**薪ストーブライフ編集部**

郵送 〒168-0063 東京都杉並区和泉4-46-10

メール https://www.mokuzitusya.jp/?page_id=390

# 全国
## 薪を販売している森林組合＆薪ショップ一覧

薪ストーブを入れる前から用意周到に薪を準備している人は少数派でしょう。導入初めのうちは乾燥した薪を購入するのがまずはカンジン。また、地域活性化のために地元の薪を購入するという方もいらっしゃると思います。ただし、リストアップされた森林組合、薪ショップであっても常時乾燥薪を用意しているわけではないので、事前に連絡のうえご購入ください。

### 森林組合

| 北はりま森林組合 | |
|---|---|
| 住所 | 兵庫県多可郡多可町加美区豊部1922-4 |
| TEL/FAX | 0795-35-1177／0795-35-1174 |
| E-mail | forestkitaharima@maia.eonet.ne.jp |
| HP | https://www.forestkitaharima.com/ |

| 山口県東部森林組合 | |
|---|---|
| 住所 | 山口県岩国市周東町下久原1036-4 |
| TEL/FAX | 0827-84-2111／0827-84-2112 |
| E-mail | yef.sinrin@sirius.ocn.ne.jp |
| HP | なし |

| 香川西部森林組合 | |
|---|---|
| 住所 | 香川県仲多度郡まんのう町炭所西670 |
| TEL/FAX | 0877-79-3120／0877-79-3123 |
| E-mail | なし |
| HP | なし |

| ようてい森林組合 | |
|---|---|
| 住所 | 北海道虻田郡京極町字春日170 |
| TEL/FAX | 0136-42-2211／0136-42-3510 |
| E-mail | なし |
| HP | http://www.youtei-fa.or.jp |

| 岩手県森林組合連合会 | |
|---|---|
| 住所 | 岩手県盛岡市中央通り3-15-17 |
| TEL/FAX | 019-654-4411／019-654-4420 |
| E-mail | なし |
| HP | なし |

| 仙北東森林組合 | |
|---|---|
| 住所 | 秋田県仙北市田沢湖小松字外ノ山4-1 |
| TEL/FAX | 0187-54-1030／0187-54-1035 |
| E-mail | tokusan@higashi-mori.or.jp |
| HP | http://www.higashi-mori.or.jp/ |

| 登米町森林組合 | |
|---|---|
| 住所 | 宮城県登米市登米町大字日根牛小池100 |
| TEL/FAX | 0220-52-2075／0220-52-2876 |
| E-mail | info@forest100.jp |
| HP | https://forest100.jp/ |

| 大子町森林組合 | |
|---|---|
| 住所 | 茨城県久慈郡大子町大字川山 897 |
| TEL/FAX | 0295-72-0647／0295-72-0781 |
| E-mail | なし |
| HP | なし |

| 北都留森林組合 | |
|---|---|
| 住所 | 山梨県上野原市上野原5273-2 |
| TEL/FAX | 0554-62-3330／0554-62-3474 |
| E-mail | kitaturu@aria.ocn.ne.jp |
| HP | http://kitamori.org/ |

| 峡東森林組合 | |
|---|---|
| 住所 | 山梨県甲州市塩山赤尾453-1 |
| TEL/FAX | 0553-33-2901／0553-33-3903 |
| E-mail | kyoutou.foa@vega.ocn.ne.jp |
| HP | なし |

| 長野森林組合 | |
|---|---|
| 住所 | 長野県長野市大字稲葉字上千田沖134番地2 |
| TEL/FAX | 026-217-8822／026-219-2930 |
| E-mail | HPの問い合わせフォームより |
| HP | https://naganoforest.org/ |

| 北信州森林組合 | |
|---|---|
| 住所 | 長野県中野市大字壁田938-1 |
| TEL/FAX | 0269-38-0371／0269-23-5350 |
| E-mail | musasabi@iforest-kitashinsyu.or.jp |
| HP | http://www.jforest-kitashinshu.or.jp/ |

| 南佐久北部森林組合 | |
|---|---|
| 住所 | 長野県南佐久郡佐久穂町大字海瀬2766-3 |
| TEL/FAX | 0267-86-4202／0267-86-4230 |
| E-mail | kitamori@mx2.avis.ne.jp |
| HP | なし |

| 南佐久中部森林組合 | |
|---|---|
| 住所 | 長野県南佐久郡小海町大字千代里3166-1 |
| TEL/FAX | 0267-92-2070／0267-92-2075 |
| E-mail | f-cyuubu@beige.plala.or.jp |
| HP | http://www.centralforest.jp/ |

| 佐久森林組合 | |
|---|---|
| 住所 | 長野県小諸市大字平原字四ッ谷原967-1 |
| TEL/FAX | 0267-22-8501／0267-22-5431 |
| E-mail | なし |
| HP | http://saku-mori.or.jp/ |

| 木曽森林組合 | |
|---|---|
| 住所 | 長野県木曽郡木曽町日義4898-37 |
| TEL/FAX | 0264-23-8101／0264-23-8577 |
| E-mail | info@kisomori.jp |
| HP | http://www.kisomori.jp |

### 薪屋

| ウッドワークス樹香林（きこり） | |
|---|---|
| 住所 | 岩手県九戸郡洋野町中野3-38-185 |
| TEL/FAX | 0194-75-3042／0194-75-3043 |
| E-mail | kikori@naramaki.com |
| HP | http://naramaki.com/ |

| 有限会社 D'STYLE（薪割一家） | |
|---|---|
| 住所 | 岩手県盛岡市くりやがわ3-12-44 |
| TEL/FAX | 019-681-2477／019-681-2488 |
| E-mail | dstyle.woodstove@gmail.com |
| HP | http://ameblo.jp/dstyle-84/ |

| ウッドライフ | |
|---|---|
| 住所 | 福島県郡山市安積町日出山2-162 |
| TEL/FAX | 024-956-9811／024-956-9800 |
| E-mail | otoiawase@wood-life.co.jp |
| HP | http://www.wood-life.co.jp |

| ありがた屋 | |
|---|---|
| 住所 | 福島県郡山市富田町字町西14 |
| TEL/FAX | 024-983-0557 |
| E-mail | maido@arigataya.jp |
| HP | http://www.arigataya.jp/ |

| NPO 法人エコサンタ（フィンランドの森） | |
|---|---|
| 住所 | 栃木県那須郡那須町大字高久乙2730番地38 |
| TEL/FAX | 0287-78-1981／0287-78-2921 |
| E-mail | なし |
| HP | http://www.ecosanta.org/ |

| カントリーログ | |
|---|---|
| 住所 | 茨城県桜川市友部627 |
| TEL/FAX | 0296-75-5550／0296-75-5599 |
| E-mail | info@country-log.jp |
| HP | http://www.country-log.jp |

| フォンテーヌの森 | |
|---|---|
| 住所 | 茨城県つくば市吉瀬1247-1 |
| TEL/FAX | 0298-57-2468／029-828-7234 |
| E-mail | maki@rural.gr.jp |
| HP | http://www.rural.gr.jp/campin/ |

| 焚き火屋 | |
|---|---|
| 住所 | 埼玉県比企郡小川町角山197-5 |
| TEL/FAX | 090-2562-1374／0493-72-8188 |
| E-mail | takibiya@gmail.com |
| HP | http://saishoh.com/takibiya.htm |

| 新宮商行 | |
|---|---|
| 住所 | 千葉県松戸市稔台 6-7-5 |
| TEL/FAX | 047-361-3800／047-362-0157 |
| E-mail | adrsn-stove@shingu-shoko.co.jp |
| HP | https://www.shingu-shoko.co.jp/ |

# 薪屋

| kizuki | |
|---|---|
| 住所 | 広島県広島市安佐北区安佐町くすの木台5-12 |
| TEL/FAX | 082-205-5528／082-205-5528 |
| E-mail | info@oniwa.info |
| HP | http://oniwa.info/ |

| 薪屋りおねる | |
|---|---|
| 住所 | 鳥取県米子市尾高388-5 |
| TEL/FAX | 0859-57-3589／なし |
| E-mail | rionel.cucci@i.softbank.jp |
| HP | https://www.facebook.com/makiyarionel |

| たきぎ屋 | |
|---|---|
| 住所 | 鳥取県東伯郡北栄町土下10 |
| TEL/FAX | 090-4103-0983 |
| E-mail | HPより |
| HP | https://maki-takigiya.com |

| 薪おじさん | |
|---|---|
| 住所 | 徳島県美馬郡つるぎ町貞光西山2 |
| TEL/FAX | 0883-62-2152／0883-62-5038 |
| E-mail | info@maki-ojisan.com |
| HP | http://www.maki-ojisan.com |

| 福岡暖炉工房 みろく企画 | |
|---|---|
| 住所 | 福岡県福岡市早良区南庄2-13-23 |
| TEL/FAX | 092-822-6315／092-822-6356 |
| E-mail | info@firewoodstove.net |
| HP | http://www.firewoodstove.net |

| いのり薪生産組合 | |
|---|---|
| 住所 | 長崎県東彼杵郡川棚町猪乗川内郷954 |
| TEL/FAX | 0956-76-7117／0956-76-7117 |
| TEL/FAX | info@inori-maki.jp |
| HP | http://inori-maki.jp |

| 薪販売中村農園 | |
|---|---|
| 住所 | 熊本県上益城郡山都町郷野原 |
| TEL/FAX | 090-4346-6099 |
| E-mail | HPの問い合わせフォームから |
| HP | https://www.big-advance.site/c/156/2433 |

| ☆薪薪 SHOP ☆ | |
|---|---|
| 住所 | 熊本県球磨郡あさぎり町上南2266-2 |
| TEL/FAX | 0966-47-0878／0966-47-0878 |
| E-mail | mmm@maki-maki.shop-site.jp |
| HP | http://www.asagiri.jp/maki-maki-shop/ |

| 薪工房 日田の薪 | |
|---|---|
| 住所 | 大分県日田市天瀬町女子畑(おなごはた)600-5 |
| TEL/FAX | 090-8833-5889／なし |
| E-mail | info@hitanomaki.com |
| HP | https://www.hitanomaki.com/ |

| 薪のお店 木らり | |
|---|---|
| 住所 | 大分県竹田市下坂田 303 |
| TEL/FAX | 0974-66-2567 |
| E-mail | tombo303.rose_garden@oct-net.ne.jp |
| HP | http://firewoodshop-kirari.jp/ |



| 薪屋 久左衛門（有限会社廣瀬造園） | |
|---|---|
| 住所 | 千葉県香取市谷中42-1 |
| TEL/FAX | 0478-54-6488/0478-54-3348 |
| E-mail | HPより |
| HP | https://maki-takigiya.com |

| ファイヤーワールド・標準規格の薪 | |
|---|---|
| 住所 | 東京都墨田区立花4-25-5 |
| TEL/FAX | 03-3616-2871／03-3616-2872 |
| E-mail | eiwa@fireworld.co.jp |
| HP | http://www.fireworld.co.jp/ |

| 東京薪販売 | |
|---|---|
| 住所 | 東京都町田市小野路町3381-3 |
| TEL/FAX | 042-860-5842／042-860-5843 |
| E-mail | なし |
| HP | http://www.tokyo-maki.com |

| 横浜の薪屋さん | |
|---|---|
| 住所 | 神奈川県横浜市港北区鳥山町384-1 |
| TEL/FAX | 045-534-7386／045-534-7386 |
| E-mail | frontdesk@makiyasan.net |
| HP | http://makiyasan.net |

| 横浜薪庵 | |
|---|---|
| 住所 | 神奈川県横浜市磯子区岡村4-9-38 |
| TEL/FAX | 080-1334-1470 |
| E-mail | HPの問い合わせフォームより |
| HP | https://yokohamamakian.angry.jp/ |

| 佐久の薪 | |
|---|---|
| 住所 | 長野県佐久市前山658 |
| TEL/FAX | 0267-62-4053／0267-63-8033 |
| E-mail | landscape.takano@bd.wakwak.com |
| HP | なし |

| 薪の松尾 | |
|---|---|
| 住所 | 長野県長野市信州新町牧田中2310 |
| TEL/FAX | 026-262-4689／026-262-4677 |
| E-mail | info@makinomatsuo.com |
| HP | http://makinomatsuo.com/ |

| ディーエルディー バイオエネルギー事業部 | |
|---|---|
| 住所 | 長野県伊那市高遠町上山田2435 |
| TEL/FAX | 0265-94-6133／0265-94-5133 |
| E-mail | maki@dld.co.jp |
| HP | http://www.dld.co.jp |

| 薪のシラキ | |
|---|---|
| 住所 | 愛知県豊橋市清須町字高見 8 |
| TEL/FAX | 0532-31-7291／0532-31-7292 |
| E-mail | niwa-m@mx1.avis.ne.jp |
| HP | https://www.shiraki-wood.jp/ |

| ファイヤープレイス三重 | |
|---|---|
| 住所 | 三重県津市藤方926-2 |
| TEL/FAX | 059-225-0051／059-225-9430 |
| E-mail | info@fireplace.jp |
| HP | http://www.fireplace.jp |

| 薪のある暮らし方研究所 薪場王 | |
|---|---|
| 住所 | 滋賀県甲賀市水口町山1640-455 |
| TEL/FAX | 0748-63-5539／なし |
| E-mail | info@makiba-o.com |
| HP | http://www.makiba-o.com/ |

| 堅木屋（かたぎや） | |
|---|---|
| 住所 | 京都府舞鶴市京田谷15 |
| TEL/FAX | 0773-75-3147／0773-68-9760 |
| E-mail | root@katagiya.com |
| HP | http://www.katagiya.com/ |

| 薪屋一（まきやはじむ） | |
|---|---|
| 住所 | 奈良県五條市住川町888-22 |
| TEL/FAX | 0747-22-3888／0747-25-2214 |
| E-mail | makiya@star.ocn.ne.jp |
| HP | http://makiya.nagaiseizaisho.co.jp/ |

| 薪クラブ（石谷林業） | |
|---|---|
| 住所 | 大阪市西区千代崎2-19-4 |
| TEL/FAX | 0120-414-724／06-6581-2589 |
| E-mail | info@makiclubshop.com |
| HP | http://www.makiclubshop.com/ |

私と薪ストーブの猫な関係 ㉕ ―― 清水由美

# いるある問題

「ドコソコに、ナニナニが、ある」という構文は、初級の日本語テキストに出てきます。「机の上にペンがあります」とか、「駅前にコンビニが2軒あります」とかいう具合です。でも、「机の上にペンが」なんていう例文はあまりにつまらないので（見りゃわかる）、日本語教師としてはいろいろ例文を工夫したいところです。そこでよく使われるのが、季節の話。「日本には四季があります。春、夏、秋、冬があります。みなさんの国ではどうですか？」のように。しかし、近年、この話題は使いにくくなっているのではあるまいか。

だって、春夏秋冬、ちゃんと四つあります、とは昨今言いがたい。「は、夏、あ、冬」って感じですもんね。去年なんて桜を蹴散らす勢いで夏が来て、来たと思ったらずうっと居座り、いつまでいるつもりだこの夏め、とウンザリしかけたころにカクンと気温が下がって、おお、やっと秋が来たわい、と思う間もなく、今度は一気に寒くなりました。まあ、薪ストーブ持ちとしては寒さの到来は歓迎すべきで、いそいそと焚き始めたわけですけれども、そのお楽しみシーズンも間もなく終わろうとしています。

そう、冬も、なんだか物足りなくないですか？ 気象庁の「大都市における冬日日数の長期変化傾向」というグラフを見ると、東京の冬日（最低気温が零度に届かない日）が、この百年ほどで急減しています。明治の初めには年間80日近くもあったのが、２０００年代に入ってからは、わずか10日前後にまで減っているのです。

猫のお腹の上にペンがあります。

この冬は観測史上最強とかいう大寒波が襲来して、日本海側では大雪に見舞われましたけれど、かたや私が生息する南関東はというと、連日の青空。申し訳ないほどでした。気温は低めでも陽ざしはたっぷり、昼間はストーブも要りませんでした（焚けませんでした）。家々の屋根に白い霜が降りる朝などほんの数回しかなく、霜柱にいたっては、そもそも地面がカラッカラに乾燥しきっていたために、一度も成立せず。

この調子でいくと、少なくとも東京周辺では、そのうち「は、夏、あ、ふ」になっちゃうのかもしれぬ。ううむ。由々しき事態です。日本語の授業で「四季があります」という例文が使えなくなってしまう。折しも太平洋の向こうでは、気候変動なんか起きてないもんね、と強弁する政権が誕生しました。石油石炭を掘りまくれ！と号令をかける人の道連れにはされたくないなあ。

ところで、この存在構文ですが、その「ナニナニ」が生き物、生きて動くものの場合、「ある」が「いる」に変わります。「机の上にペンがあります」、「机の下に猫がいます」という具合。これが「猫」じゃなくて「猫のぬいぐるみ」だったら、やっぱり「あります」です。日本語って、こういうところは芸が細かい。ですから、「お皿の上に魚が…」では、その魚のバイタルがカギになる。まあ、場所が「お皿」である時点で、おそらくその魚の命運は尽きているわけで、「ある」が選択されることになるでしょうけれども。

とにかく「いる」を使用するのは生き物。その大小、軽重は問わない。ニンゲンは「いる」、だいじなワンニャンもむろん「いる」です。さらにノミや蚊やダニにいたるまで、生きて動くものでさえあれば、その存在はすべて「いる」で表現されます。たいがいの人が忌み嫌うGで始まるあの昆虫も、「わっ、いた!」です。人類皆きょうだい、生類これすべてわが同胞也。

私が悩むのは、カニやアワビです。市場のトロ箱の中で籾殻に埋まっているカニ。厳重に縛られて身動きはできないけれど、ぷくぷく泡を吹いていたりするあのカニは、「いる」か「ある」か。かつて海辺の温泉宿でアワビの踊り焼きなるものを供されたことがありますが、あれは悪夢でした。そうそう、エビの事故もあったっけ。うんと若かりしころ何かの集まりで高級中国料理をごちそうになりましてね。ガラスのボウルに入れられたエビが出てきたのですよ。お店の人がボウルに紹興酒を注ぎかけたとたん、壮絶に暴れ出すエビたち！「む、無理ですっ」と半泣きで部屋を飛び出しましたです。

「犬猿」の猫2名、薪ストーブの前なら共存可能。

いや、私だってカニもエビもいただきますよ。アワビも（お値段によっては）食します。でも、生きたまま拷問にかけるような料理は、どうにも苦手です。ああいうのは、「焼き網の上にアワビがいる」と思っちゃダメなんですな。「ある」と思わねば。

ところで、さきほどニンゲンの存在は「いる」で表現する、と書きましたけれども、「ある」を使うこともあります。一人っ子かと聞かれて、「いえ、兄があります」なんて言いますし、恋愛相談を受けて、「やめときな。あの人には奥さんも子どももあるんだよ」なんて助言する局面もあるでしょう。ゲームのルールを説明するときに、「この中に一人ウソをついている人があります」なんてことも言いそうです。

こういう場合の「兄」や「奥さん」や「人」は、「生きて動いている生物」ではなくて、所属メンバーの名札みたいなものなのです。名札じゃなくて現実空間における生身の存在をいう場合には、やはり「いる」になります。「兄なら今、二階に…」とか、「こないだ会社の受付にあの人の奥さんが…」などというときは、「ある」は使いません。

かと思うと、科学的には無生物であるはずのものに「いる」を使う例も、日常よく見られます。「駅前にタクシーが一台もいなくてさ、まいったよ」とか、「たまたまバス停にいる路線バスに飛び乗って知らない町に連れて行かれるの、好き」とか（わたくしの趣味です）。

バスもタクシーも運転手さんがいなければ動かないので（生命を与えられないので）、その運転手さんの存在をもって、「いる」を選ぶのかもしれません。あるいはたんに動くから、というだけの理由で擬人化するのかもしれません。ハタラク車が大好きな子どもだったら、まず間違いなく「あ、消防車がいる！」と言うはずです。この先、自動運転が実用化されたら、車たちはますます生き物っぽい扱いをされることになるでしょうね、きっと。

そうだ、このところ飲食店などで活躍中のロボットはどうなのかしらん。X（旧Twitter（っていつまで書くべきかしら））をのぞいてみると、「○○モールにお掃除ロボットがいた～！」とか、「さっき○○でご飯食べてたら、隣のテーブルの紳士が猫型配膳ロボットにありがとうって言っててほっこりした」なんていうポストが散見されます。ロボットも、着実に生物への道を歩みつつあるようです。

さて、わが家にはかわいいアヒルの子が「います」。読者諸氏のお宅には「薪ストーブが…」、どちらですか？　ともあれ、薪狩りシーズンも佳境です。「薪棚に薪がいっぱいあります」と言えるように、おのおのがた、奮闘いたしましょう。

辞書の上に猫。PCの排気口に猫のおちり。

「は（る）」を待つカタクリ。

これは秋か冬か。紅葉真っ盛りの12月。

キーボードの占拠は猫の最重要任務。

しみず ゆみ
日本語教師（法政大学大学院ほか非常勤講師）。著書に『日本語びいき』（中公文庫）、『すばらしき日本語』（ポプラ新書）ほかがある。2022年、『すばらしき日本語』に中国語版が出た！猫歴34年、薪ストーブ歴21年（SCAN CI-1G）。ブログ『猫な日本語』http://nekonanihongo.jugem.jp/

## 蓄熱タイプが増える予感

我が国に於ける蓄熱型薪ストーブは知りうる限り1ブランドしかない。しかしアメリカにはレンガ製のメイスンリー・ヒーターがあり、ヨーロッパでもフィンランドを中心に石材製の重厚な蓄熱型薪ストーブがある。にわかに注目を浴びてきたのは、日本でも高性能住宅が増えつつあるからに他ならない。そんなヨーロッパから2つのブランドの蓄熱型が発売されたのでご紹介する。詳しくは次号以降の誌面にて。

**PURO 14**

ソープストーンの中で世界で最も良質とされるカレリアンソープストーン製の蓄熱式薪ストーブがトゥリキビから新登場。日本ではメトスが昨年より販売を開始した。

**BLOX R55**

スパイラル構造のアキュムレーションリングによる蓄熱が特徴。高性能住宅でパフォーマンスを発揮するコンパクトタイプ。

この４月から新築住宅の「省エネ基準適合」が義務付けられることになった。さらに２０３０年までにＺＥＨ（ネット・ゼロ・エネルギー・ハウス）基準の省エネルギー性能を有した住宅を標準化するという。国土交通省ではＺＥＨの説明として「建物外皮の断熱性能等を大幅に向上させるとともに、高効率な設備システムを導入することで室内環境の質を維持しつつ大幅な省エネルギーを実現した上で、再生可能エネルギーを導入することにより、年間の一次エネルギー消費量を収支がゼロとすることを目指した住宅」とある。この文言の中にある「設備システム」の中には冷暖房や給湯など、化石燃料や天然ガス、水力などを利用してできた電力などのエネルギーを利用する。薪ストーブとペレットストーブも、木質バイオマスエネルギーを利用する暖房設備として含まれることになった。そもそもＺＥＨの目指すところが、いかにエネルギーを使わずに快適な住環境を維持するかだと思うので、そうなると断熱性能の向上で必然的に低出力の薪ストーブでなければ温度管理が難しくなる。薪ストーブメーカーの一部ではすでに、欧米の住宅性能基準に調整された薪ストーブが続々と日本の市場に導入しているのも事実だ。その一方ではリノベーション物件への薪ストーブ設置という、省エネ基準適合とは違ったベクトルも存在するわけで、ここしばらくは日本国内における薪ストーブを取り巻く環境から、目が離せないと思った次第だ（柴田）

薪ストーブは何も悪くない。悪いとしたら薪と人だろう。今号を編集している間にも、全国紙、地方紙、地上波、そしてネットニュースにまで薪ストーブが放出する煙や臭いが特集されている。今シーズンは特に多かったように感じる。乾いていない薪を焚く人が多いのだろうか。確かにゼロではなく、地方のベテランには少しくらい湿気っているほうが長持ちするから、と真顔で言われる。過疎の地域であれば多少の煙が出ても隣家に行く頃には薄まっていたり、お隣も薪ストーブを焚いていたりするので大きな問題にはならないかもしれない。しかし、煙と臭いの問題は、特に都市部では切実であり、せっかく導入してもワンシーズンで諦めざるを得ないケースもある。未乾燥の薪の使用は大きな問題である。もう一つは人の技術。同じ最新型の薪ストーブを使う方がいたとしても、煙や臭いの発生度合いはずいぶん異なる。要は薪が乾燥していたとしてもユーザーの焚き方が未熟なら大気汚染の片棒を担ぐことになる。弊誌では今号も含めて毎号のように焚き方をレクチャーしてきているので、読者ならそのような問題は出ないと思うが、いかんせん弊誌が届かないユーザーは多くいる。できれば１冊でよいから読んでもらいたいが仕方ない。環境に優しい木質バイオマスを使って排気ガス低減を実現した現代の薪ストーブたち。使う燃料の乾燥度、使う人間の未熟な技術。この２つが問題なのであって、薪ストーブは何も悪くないのである（中村）

広告索引

| | |
|---|---|
| 青い空 | 表2、表4 |
| 永和 | 42 |
| ケドジャパン | 54 |
| ダッチウエストジャパン | 2、30 |
| パナデロジャパン | 表3 |
| ホリテック | 101 |
| モキ製作所 | 16 |

【編集長】中村雅美
【編集】内田靖
柴田和幸
【撮影】山岡和正
【デザイン】青木雅人
釜ヶ澤勝彦
菅原裕介
浜本直樹
伊藤たまお
【表紙・ロゴデザイン】菅原裕介
【発行人】中村雅美
【発行元】株式会社 沐日社
〒168-0063 東京都杉並区和泉4-46-10
https://www.mokuzitusya.jp
【電話】03-6768-1680（代表）
【ファックス】03-6745-1268

【発売】株式会社 星雲社
（共同出版社・流通責任出版社）
【印刷・製本】株式会社シナノ


ISBN978-4-434-35688-9